KB119861

일러두기

이 책에 나오는 부동산 관련 데이터는 대부분 KB부동산 기준이며 '아파트'를 대상으로 한 것이다.

빅데이터로 분석한 최적의 진입 타이밍

부동산 변곡점이 왔다

하락장에서 기회를 엿보는
완벽한 방법

매수·매도 적기를
데이터로 짚어준다

샘토시(강승우) 지음

위즈덤하우스

지금 우리에게
필요한 자세

삼토시 저자의 부동산 글을 읽는 일은 항상 즐겁습니다. 저자는 부동산 시장을 보며 생기는 여러 궁금증에 관한 답을 찾기 위해서 이제까지 생각해보지 못했던 데이터를 찾아옵니다. 그리고 그 데이터들을 토대로 평가하고 판단한 후 의견을 개진합니다.

그리고 꾸준합니다. 월별, 분기별로 발표되는 데이터를 기존에 취합해온 데이터에 더해서 흐름을 평가하고 의견을 수정·보완해나갑니다. 이 때문에 저자의 글을 꾸준히 따라가며 읽기만 해도 거인의 어깨 위에 서서 더 멀리 볼 수 있습니다.

이번 책에서 저자는 2022년 현재의 서울 부동산이 변곡점을 맞이했다고 판단하고 있습니다. 주택구입부담지수와 전세가율의 흐름을 그 근거로 제시합니다. 또 서울 20개 대형 단지 전용 84m^{2}의 평균 실거래가 추이를 통해 가격 흐름이 돌아서고 있음을 확인합니다.

이전의 책과 글을 통해 주장했던 중장기 고점이 2023년 전후에서 2022년으로 앞당겨진 이유를 설명하고, 서울과 수도권 지역에 예정된 공급 물량을 토대로 변곡점 이후의 부동산 시장에 관해서도 본인의 의견을 개진합니다.

이 책에서는 광역시 부동산의 현재와 미래에 관해서도 고민했습니다. 주택구입부담지수, 전세가율, 착공 물량, 인허가 물량을 토대로 광역시별 현재의 부동산 가격 수준을 평가하고, 향후 언제 어느 지역을 주목해야 할지를 이야기합니다.

'부동산 투자는 타이밍이다'라는 말이 있습니다. 어느 지역을 매수하느냐도 중요하지만, 언제 사느냐가 더 중요하다는 의미입니다. 그 시기를 어떻게 알 수 있을까요?

저자는 지난 하락장 시기의 주요 데이터들을 살펴 최적의 진입 시점과 하락이 상승으로 전환되는 시점의 지수들을 복기했고, 이를 서울 부동산 투자에 다시 관심을 가질 만한 진입 시점과 타이밍을 찾는 기준으로 삼으라고 제안합니다. 그리고 변화하는 사회 구조 및 주거 트렌드에 따라서 주목해야 할 부동산 입지의 기준과 그 이유를 설명하고, 이러한 기준에 따라 눈여겨볼 아파트 단지들을 소개합니다.

데이터의 의미와 가치는 해석하는 사람에게 달려 있습니다. 주어지는 데이터가 같아도 해석에 따라 전혀 다르게 의사결정을 할 수 있습니다. 데이터에 관한 저자의 판단이나 주장을 따라 읽을 수도 있겠지만, 데이터를 놓고 저자의 의견이 아닌 본인의 생각을 정리해보는 것도 굉장히 도움이 되지 않을까 생각합니다.

각자도생의 시기입니다. 제가 운영하는 네이버카페 '부동산스터디'에서 오래전부터 밀고 있는 표어가 있습니다.

"기우제를 지내는 추장이 되지 말고 비 올 것을 대비하는 관찰자가 되자."

저마다 살아남기 위한 솔루션들이 필요한 시기입니다. 삼토시라는 거인의 눈높이에서 바라본 관찰법이 여러분에게 냉정한 자본주의의 풍파 속에서 살아남을 수 있는 길잡이가 되기를 희망합니다.

붇옹산(강영훈)

서울 부동산,
변곡점을 맞이하다

본론을 시작하기에 앞서 한 가지 고백을 해야 할 것 같다. 나는 그동안 네 권의 책과 다양한 매체(블로그, 카페, 유튜브 등)를 통해 상승을 이야기하면서도 2023년 전후가 서울 부동산의 중장기 고점이 되리라고 언급해왔는데, 실제 변곡점이 예상보다 다소 빠르게 찾아왔다는 점이다. 나는 그 이유를 '펀더멘털'에서 찾았다.

서울 부동산은 '예상을 뛰어넘는 계기'로 인해 자신이 지닌 펀더멘털보다 더 격하게 오버슈팅되면서 변곡점을 앞당겼다. '예상을 뛰어넘는 계기'란 첫째는 코로나19 사태에서 비롯된 유동성 급증으로 발생한 매매가 급등(2021년)이고, 둘째는 글로벌 인플레이션 심화에 따른 금리 급등(2022년)이다. 2019년과 2020년에 펴낸 책을 통해 2021년 급등 전망을 이야기했으나, 2006년 이래 사상 최대 수준의 폭등이 일어나리라는 것까지는 예상하기 쉽지 않았다. 더욱이 러시아-우크라이나 전쟁이 발발해 글로벌 인플레이션과 금리 급등이 이토록 빠르게 진행되리라는 점도 예상하기 어려웠다.

이럴수록 펀더멘털을 근거로 고평가인지 저평가인지를 판단하고 향후 시장을 전망하는 것이 올바르다는 결론에 도달했다. 결국 재화의 가치는 펀더멘털에 수렴하며, 부동산도 예외가 아니기 때문이다. 펀더멘털에 관한 확고한 기준이 있다면 부동산 상황을 판단하고 의사결정을 내리기도 쉬워지리라 믿는다.

전망과 다른 상황이 닥쳤는데도 본인의 희망과 바람이 섞인 상상을 붙든 채 애써 현실을 부정하는 모습을 두고 '희망 회로를 돌린다'라고 표현한다. 자신의 가치관·신념·판단과 일치하는 정보에만 주목하고, 일치하지 않는 정보는 무시하는 사고방식을 두고 '확증 편향'이라고 일컫기도 한다. 둘 다 원하는 결과를 얻는 데는 걸림돌이 되는 모습이다. 이를 피하기 위해서라도 펀더멘털에 근거한 판단이 얼마나 중요한지를 이 책에서 짚어보고자 한다.

또한 최근 들어 더욱 극심해진 서울 부동산에 관한 다양한 '오해'의 실상을 알리고 싶었다. 예컨대 서울 부동산이 상승한 이유로 '넘치는 수요'를 들곤 하는데 이것이 늘 들어맞는 건 아니다. 만약 그렇다면 1991~1995년과 2010~2013년의 하락장 때는 수요가 줄었단 말인가. 마찬가지로 '공급 부족'을 서울 부동산 상승의 이유로 거론하기도 하지만 이 역시 늘 맞는 건 아니다. 2010~2013년의 하락장 때도 서울 아파트 입주 물량은 연평균 3만 호를 약간 넘는 수준에 불과했다. 그런데도 당시 서울 집값은 하락하지 않았던가. 이런 다양한 오해를 어떻게 바로잡아야 할지 'Deep Dive'라는 코너를 통해 알아보고자 한다.

이 책에서는 서울 부동산이 변곡점을 맞이한 것으로 보는 이유를 살펴보고, 이후 벌어질 시장 상황을 전망하며, 새로운 기회는 언제 어디서 다가올 것인지를 펀더멘털 관점에서 풀어보고자 한다. 또한 그동안 잘못 알려져왔던 내용에 관한 해답을 조금 더 다양하고 깊이 있는 분석으로 알리고자 한다. 전망에 '100% 확신'이라는 표현을 쓸 순 없지만, 그 정확도를 높이기 위해 상승론이나 하락론 어느 쪽에도 기울지 않고 최대한 객관성을 유지하려 노력했다. 부디 이 책이 독자들의 기대에 부족함이 없는 선택이길 소망한다.

차례

추천사 지금 우리에게 필요한 자세 ······················· 4
프롤로그 서울 부동산, 변곡점을 맞이하다 ················· 7

1장 서울 부동산, 역대 최장기간 상승의 동력

• 수요의 증가 ··· 18
• 공급의 감소 ··· 19
• 유동성 확대 ··· 19
• 규제의 부작용 ··· 21

Deep Dive 1. 금리와 집값은 무관하다? ····················· 23
Deep Dive 2. 신박한 평행 이론 ····························· 25
Deep Dive 3. 다주택자 규제의 허상 ························· 27
Deep Dive 4. 전셋값 폭등은 임대차3법보다 금리 인하 때문이다? ··· 30

2장 변곡점을 맞이한 서울 그리고 수도권

• 부동산 버블을 판단하는 객관적인 지표 ··················· 35
• 버블 수준을 알려주는 주택구입부담지수 ················· 37
• 전세가 대비 매매가의 버블을 알려주는 전세가율 ·········· 37
• 두 지표로 본 서울 부동산의 현재 상황 ··················· 39
• 지금이 하락장이 아니다? ······························· 44
• 중장기 고점이 당겨진 이유 ····························· 47
• 변곡점 이후의 서울과 수도권 부동산 ····················· 48
• 하락장에서 특히 조심해야 할 곳 ························· 57

Deep Dive 1. 멸실 물량을 고려한 순공급 물량보다 서울의 입주 물량이 유의미한 이유 —— 58

Deep Dive 2. 주택구입부담지수를 중요하게 보는 이유 —————————————————— 60

Deep Dive 3. 고평가는 고평가다 ——————————————————————————— 63

Deep Dive 4. 전세에서 월세로의 전환이 가져올 영향 ———————————————— 66

Deep Dive 5. 규제 완화 영향은? ——————————————————————————— 68

3장 광역시별 상황 및 투자 적기 진단

• 네 가지 지표로 살펴보는 광역시 부동산 시장 펀더멘털 ————————————— 73

• 부산: 고평가, 입주 물량 줄어드는 2024년 이후에 주목 ——————————— 76

• 대구: 입주 물량 부담 지속 전망, 조정 후 저평가 국면 ——————————— 80

• 인천: 2024년까지 적지 않은 물량 부담, 2026년 이후 공급 감소 활용 —— 84

• 광주: 현재는 고평가, 2024년 이후 장기간 공급 부족 가능성 ————————— 88

• 대전: 가장 고평가된 가격대에 적지 않은 중장기 물량 부담까지 ——————— 92

• 울산: 상대적으로 저평가된 광역시 ——————————————————————— 96

• 현금 부자가 많은 광역시는? —————————————————————————— 99

• 광역시 중 톱픽은 바로 이곳 —————————————————————————— 101

4장 서울 재진입 시점, 언제가 최적일까?

• 주택구입부담지수, 전저점과 중장기 평균 사이 ————————————————— 108

• 전세가율, 60%라는 숫자를 기억하자 —————————————————————— 109

• 1년의 반등이 주는 의미 ———————————————————————————— 110

• 재건축 단지의 역발상 ————————————————————————————— 111

Deep Dive 1. 상급지로 갈아타기 좋은 시기와 나쁜 시기는 따로 있다 ————————— 113

5장 중장기 미래의 입지

- 피할 수 없는 고령화 시대 ·· 122
- 더욱 중요해지는 직주근접 ·· 123
- 슬세권의 부각 ··· 125
- 진화하는 신축 대단지 ·· 127

Deep Dive 1. 서울 권역별 직주근접 경쟁력 추이 ·········· 129
Deep Dive 2. 백화점 매출 순위로 본 양극화 상황 ········ 133

6장 미래 입지가 더욱 강화될 추천 단지

- 다섯 가지 추천 기준 ·· 139
- 서울(동남권) ··· 146
  •래미안원베일리 •반포미도1차 •신반포메이플자이 •래미안리더스원 •청담르엘 •래미안대치팰리스 •개포우성1·2차 •선경1·2차 •디에이치퍼스티어아이파크 •디에이치자이개포 •잠실우성1·2·3차 •아시아선수촌 •잠실주공5단지 •미성크로바 •헬리오시티 •송파파크하비오푸르지오 •고덕그라시움
- 서울(서남권) ··· 170
  •삼부 •시범 •아크로타워스퀘어 •아크로리버하임 •목동7단지 •목동1·5·6단지 •신길센트럴자이 •힐스테이트클래시안 •래미안에스티움 •마곡엠밸리7단지 •e편한세상서울대입구1차 •금천롯데캐슬골드파크1·3차 •힐스테이트뉴포레
- 서울(도심권) ··· 190
  •용산센트럴파크 •경희궁자이 •래미안옥수리버젠 •e편한세상옥수파크힐스
- 서울(동북권) ··· 196
  •서울숲리버뷰자이 •래미안위브 •상계주공1·2·3·5단지

• 서울(서북권) ──────────────────────── 201

　•마포래미안푸르지오 •공덕자이 •신촌숲아이파크 •DMC센트럴자이 •DMC파크뷰자이
1·2단지 •성산시영

• 경기 ──────────────────────────── 210

　•위례자연앤래미안e편한세상 •자연앤힐스테이트 •광교중흥S클래스 •광명역써밋플레
이스 •광명역U플래닛데시앙 •광명역센트럴자이 •철산역롯데캐슬앤SKVIEW클래스티지
•철산주공12·13단지 •영통아이파크캐슬1단지 •힐스테이트영통 •고잔롯데캐슬골드파크

• 부산 ──────────────────────────── 221

　•연산롯데캐슬골드포레 •연산더샵 •연제롯데캐슬데시앙 •사직롯데캐슬더클래식 •레
이카운티 •명륜아이파크1단지 •해운대자이1차 •부산더샵센텀포레 •광안자이

• 대구 ──────────────────────────── 232

　•대신센트럴자이 •남산롯데캐슬센트럴스카이 •남산자이하늘채 •수성롯데캐슬더퍼스트
•수성범어W •교대역하늘채뉴센트원 •이안센트럴D •동대구역화성파크드림 •동대구역
센텀화성파크드림

• 인천 ──────────────────────────── 240

　•힐스테이트부평 •부평역해링턴플레이스 •e편한세상부평역센트럴파크 •부평SKVIEW
해모로 •래미안부평 •두산위브더제니스센트럴여의 •더샵인천스카이타워1단지 •주안역
센트레빌 •송도글로벌파크베르디움 •송도에듀포레푸르지오 •송도더샵그린스퀘어 •송
도베르디움더퍼스트

• 광주 ──────────────────────────── 252

　•광주그랜드센트럴 •금남로중흥S클래스&두산위브더제니스 •무등산아이파크

• 대전 ──────────────────────────── 256

　•이스트시티1단지 •신흥SKVIEW •도안린풀하우스18단지

에필로그　혼돈의 시대 속으로 ──────────────── 259

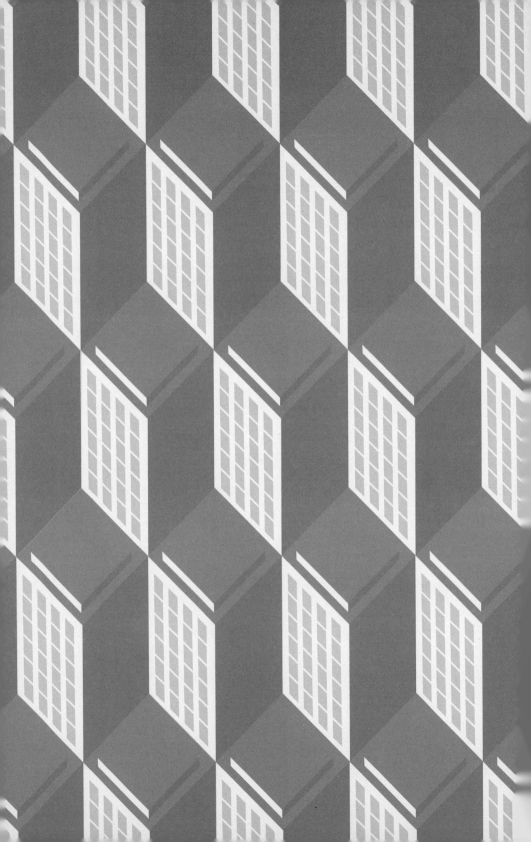

1

서울 부동산,
역대 최장기간
상승의 동력

미래를 이야기하려면 먼저 과거를 봐야 한다. 지나온 길이 나아갈 길에 영향을 주기 때문이다. 부동산 시장도 예외가 아니어서 미래 시나리오는 과거에서 출발한다. 역대 최장기간 상승해온 서울 부동산, 도대체 무엇이 동력으로 작용했을까? 반대로 말하면 그 힘이 쇠퇴할 때 서울 부동산이 하락의 길로 접어든다는 의미도 되기 때문에 상승 원동력의 정체를 알아볼 필요성은 더욱 커진다.

연간 기준으로 서울 부동산의 역사를 돌이켜볼 때 1999년부터 2009년까지 상승 기간에는 2004년 조정장이 있었던 반면, 2014년부터 시작된 최근 상승장은 2021년에 이르기까지 하락한 해가 없었다. 다시 말해 역대 최장기간 상승장이라고 할 수 있다. 여기에 영향을 미쳤을 법한 요소들, 즉 수요, 공급, 유동성, 규제 측면을 하나하나 살펴보자.

수요의 증가

우선 수요 측면에서 살펴보면, 내가 자주 언급해온 '서울·경기 10~11년 차 부부의 증가'가 있었다. 2015년 노무라금융투자는 서울 부동산의 상승과 하락이 '서울 10년 차 부부의 증감'과 깊은 연관성이 있다는 상관관계를 발표하고, 이를 토대로 2018년까지 서울 부동산이 상승하리라고 예측했다. 결혼 10년 차쯤 되면 첫아이가 초등학교에 다닐 무렵이 돼 어딘가에 정착하려는 욕구가 강해지고, 이것이 주택을 매수하는 동인이 된다는 논리였다. 그리고 실제로 시장도 그렇게 흘러갔다.

나는 서울 부동산의 상승과 하락에 서울 10년 차 부부보다 더 상관관계가 깊은 계층이 없는지 연구했고, 그 결과 '서울·경기 10~11년 차 부부의 증감'이 더 밀접한 상관관계를 가진다는 점을 밝혀냈다. 좀 더 구체적으로 이야기하자면 2009년부터 서울·경기 10~11년 차 부부의 수가 감소했는데 서울 부동산도 비슷한 시기부터 하락했으며, 이 수치가 증가한 2014년부터 서울 부동산도 반등을 시작했다. 또한 2019년에 이 수치가 감소하자 서울 부동산도 조정장을 겪었으며, 2021년에 대폭 증가하자 서울 부동산도 급등했다.

우연의 일치라고 보기에는 방향성이 완벽하게 일치한다. 서울·경기 10~11년 차 부부의 증감 추이를 무시할 수 없는 이유다. 결국 2014년부터 서울·경기 10~11년 차 부부로 대표되는 실수요의 증가가 서울 부동산의 상승장을 견인한 요소 중 하나라고 봐도 과언이 아니라는 생각이다.

공급의 감소

공급 측면에서는 상승 동력의 축적이 있었다. 서울 부동산은 유휴 토지가 한정적이어서 대규모 주택 공급 수단이 재건축·재개발 외에는 없다시피 하다. 그런데 과거 정부 및 서울시 체제에서 재건축·재개발의 규제가 강하게 시행되다 보니 상당 기간 공급 부족에 시달렸다.

2009년 정점을 찍고 하강기에 접어든 서울 부동산은 2014년에 이르러서야 반등했는데, 2009년부터 2017년까지 서울 아파트 입주 물량은 연평균 3만 1,000여 호에 불과했다. 코로나19 팬데믹 이전에 서울에서 혼인으로만 추가로 생겨난 가구가 연평균 5만이 넘었는데 아파트 입주 물량이 연평균 3만 호 내외였으니 '공급 부족이 누적'될 수밖에 없는 상황이었다.

이로 인해 2009년 하반기부터 서울 부동산은 하락장에 빠졌으나, 공급 부족 탓에 전세가가 급등을 거듭해 2016년 6월에는 전세가율이 75.1%에 이르렀다. 누적된 공급 부족으로 전세가가 매매가를 밀어 올린 것이다.

유동성 확대

유동성은 어떨까? 글로벌 금융위기로 2009년 2월 2.00%까지 급락했던 기준금리는 2011년 6월 3.25%로 올랐지만, 이후 2021년 7월 0.50%까지 점진적으로 하락의 길을 걸었다. 통화량(M2)의 연간 증가율 자체는 20%를 넘나들던 1990년대보다 많이 낮아졌으나 금리가 대폭 내려가면서 'M1/M2 비율이 급등'했다.

여기서 말하는 M1은 현금·예금 등 곧바로 현금화할 수 있는 돈을 말하고, M2는 M1에 더해 만기 2년 미만 금융상품 등 짧은 만기에 묶여 있는 돈을 뜻한다. M1/M2 비율이 높다는 것은 이자를 거의 받지 않고 예치해놓은 금액이 많다는 의미이므로, 자산 시장에 언제든지 투입될 수 있는 '유동성의 진성 에너지'로 봐도 무방하다. 그런데 금리가 매우 낮아지면서 M1/M2 비율이 급상승한 것이다. 즉, 유동성의 진성 에너지가 갈수록 강해진 셈이다.

진성 유동성의 힘이 집값과 얼마나 깊은 상관관계에 있는지는 지난 시기를 되돌아보면 알 수 있다. 지난 36년간 서울 아파트가 5% 이상 상승한 해가 15년인데, 이 중에서 IMF 직전과 직후였던 1997년과 1999년을 제외한 13년간의 M1/M2 비율이 29% 이상이었다. 더욱이 2021년부터는 M1/M2 비율이 37%를 넘나들면서 시중 유동성이 얼마나 강력한 상태에 있는지 보여줬다.

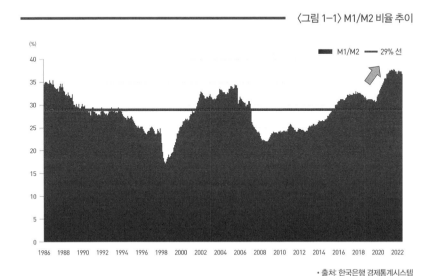

〈그림 1-1〉 M1/M2 비율 추이

• 출처: 한국은행 경제통계시스템

규제의 부작용

'서울·경기 10~11년 차 부부'로 대변되는 수요가 증가했고, 공급 부족이 누적됐으며, 유동성도 크게 강화된 시장이 바로 2014년 이후의 서울 부동산이다. 수요가 늘고 공급이 감소하는데 유동성까지 강화됐으니 집값이 안 오르는 게 이상했을 것이다. 그러나 이것만으로 '최장기간 상승'이 이뤄졌다고 보기에는 부족한 감이 있는데, 또 하나 간과할 수 없는 요소가 바로 '규제의 부작용'이다. 가장 대표적인 사례로 2018년 다주택자 양도세 중과와 2020년 임대차3법 시행을 꼽을 만하다.

　정부는 2017년 8·2대책을 통해 2018년 4월부터 다주택자 양도세 중과를 시행키로 했다. 1주택 가구가 집을 팔고 무주택으로 돌아가기가 쉽지 않다고 볼 때, 집값을 하락시킬 만한 매물은 다주택자들한테서 나와야 한다. 그런데 양도세 중과로 다주택자들의 매물이 틀어막히면서 매매 유통 물량이 크게 줄고 말았다. 매물이 줄어드니 매매가는 당연히 급등으로 반응할 수밖에 없었다. 사실 과거에도 비슷한 사례가 있다. 2005년 8·31대책으로 2006년부터 다주택자 양도세가 중과됐을 때도 시장이 폭등으로 반응했다. 이쯤 되면 다주택자 양도세 중과는 매물 감소를 초래한다는 점에서 '매수 신호'로 봐도 무방하다고 할 수 있다(2000년부터 2021년까지 22년간 서울 아파트 매매 시세 상승률이 가장 높았던 해는 2002년 30.8%, 2006년 24.1%, 2001년 19.3%, 2021년 16.4%, 2018년 13.6% 순이다. 다주택자 양도세가 중과된 2006년과 2018년이 각각 2위, 5위의 상승률을 보였다).

　참고로 서울 부동산이 상승장으로 전환된 2014년부터 2021년까지 8년 동안 2017년(5.5%) 다음으로 2018년의 통화량(M2) 증가율(6.3%)이 낮았다. 2018년 통화량 증가율이 그리 높은 수준이 아니었음에도 서울 아파트 가격 상승률이 역대급을 기록한 이유는 '다주택자 양도세 규제에 따른 매물 감소 여파' 외에 달리 설명할 길이 없다.

다주택자 양도세가 중과된 2006년과 2018년에 시장이 급등했고, 다주택자 양도세 중과가 해제(유예)된 2009년과 2022년에 시장이 하락한 것은 우연이 아니다. 다주택자 양도세 중과 규제의 시행과 해제가 일종의 매매 신호가 된다는 것을 참고하길 바란다.

2020년 하반기에 시행된 임대차3법도 '규제 부작용'의 대표적인 사례로 꼽을 만하다. 바로 앞에서 다주택자 양도세 중과로 매매 유통 물량이 급감한 결과 매매가가 급등했다고 언급했는데, 2020년 8월 임대차3법 시행은 전세 유통 물량을 급감시켜 전세가 급등을 불렀다. 사실 2020년 서울 아파트 입주 물량은 역대 최대 수준인 5만 7,000여 호에 달했다. 즉, 가만히 내버려뒀더라면 전세가가 하락해 매매가 상승에도 제동을 걸 수 있는 상황이었다는 뜻이다. 그런데 임대차3법이 시행됨으로써 입주 물량이 막대한데도 전세가가 오히려 급등해버렸으니 큰 실책이라 아니할 수 없다(2020년 전세가 급등이 임대차3법 때문이 아니라 금리 인하 때문이라는 일부 의견에 관해서는 Deep Dive에서 자세히 다룬다).

사상 최장기간 상승으로 서울 부동산은 명확한 고평가 구간에 들어섰다. 이는 서울 부동산의 상승장이 사실상 끝났음을 알려주는 또 하나의 지표다. 이에 관해서는 다음 장에서 자세히 따져보겠다.

Deep Dive

| 1. 금리와 집값은 무관하다?

각국 정부는 코로나 팬데믹 위기를 극복하기 위해 대규모 유동성을 공급했고, 이는 자산 시장에 유례없는 버블을 불러왔다. 서울 부동산의 역대 최장기간 상승에 저금리가 적지 않은 영향을 미쳤음을 부인할 사람은 없을 것이다. 그런데 금리가 집값에 미치는 영향은 적으며, 심지어 금리 인상이 호재라고 보는 견해도 있다.

〈그림 1-2〉는 2001년 1월부터 2022년 9월까지 한국과 미국의 기준금리

〈그림 1-2〉한국과 미국 기준금리 추이

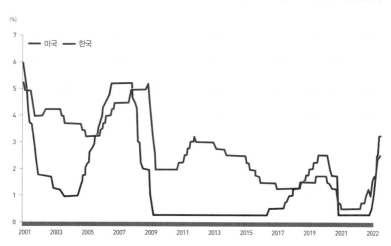

• 출처: 한국은행 경제통계시스템

추이를 보여준다. 금리 인상이 집값에 미치는 영향이 미미하다거나 오히려 호재라고 주장하는 근거가 이 그래프에 담겨 있다. 파란색 선이 우리나라 기준금리 추이인데, 미국이 금리를 인상하면 우리나라도 추세적으로 동참하는 경우가 대부분이었다. 그래프를 보면 우리나라 기준금리는 2005년 9월 3.25%를 기점으로 2008년 9월 5.25%까지 점진적으로 인상됐다. 비슷한 시기에 서울 집값도 올랐고, 평균적으로는 2008년까지 상승을 거듭했다. 즉, 금리 인상 시기에도 집값이 올랐기 때문에 금리 인상이 집값 상승 추세를 훼손하기 어렵다는 것이다. 이런 의견에 일리가 없는 것은 아니지만 상황을 좀 더 다각도로 들여다볼 필요가 있다.

우선 주택구입부담지수를 소환해보자. 2005년 9월 기준금리가 3.25%이던 시점에 서울 주택구입부담지수는 111.5로, 서울 중위소득 가구가 서울 중위가격 주택을 구입할 때 주택담보대출 원리금 상환액은 가구 소득의 28% 수준이었다. 그리고 금리가 고점에 다다른 2008년 9월 기준금리 5.25% 시점에 서울 주택구입부담지수는 162로, 서울 중위소득 가구가 서울 중위가격 주택을 구입할 때 주택담보대출 원리금 상환액은 가구 소득의 41% 수준이었다. 즉, 2005년 9월부터 2008년 9월까지 금리 인상 시기에 서울 집값은 소득의 28~41%를 주택담보대출 원리금 상환에 쓰는 수준이었고, 이는 가계가 감내할 만한 가격이었다는 이야기다.

그런데 2022년 2분기 서울 주택구입부담지수는 231.4로, 소득의 58%를 주택담보대출 원리금 상환에 충당하는 수준이다. 이런 상황에서 맞이하는 금리 인상은 통상적인 금리 인상 시기보다 훨씬 더 큰 부담을 안길 수밖에 없다.

게다가 과거에 금리가 인상되는데도 집값이 오를 수 있었던 배경에는 빠르게 성장하는 경제의 힘도 있었다. 2005년부터 2008년까지 대한민국 경제성

장률은 5% 내외를 기록했으나 지금은 이에 한참 못 미친다. 저성장 시대에 맞이하는 금리 인상은 아무래도 힘에 부칠 수밖에 없다.

저금리도 부동산에 호재요, 고금리도 호재라고 말하는 사람의 의견을 들을 필요는 없다. 현시점의 금리 인상은 부동산 시장에 분명한 악재이자 하락폭을 확대하는 트리거다.

▮ 2. 신박한 평행 이론

부동산에서 주기설을 믿는 것은 다소 허황될 수 있지만, 이번 상승장(2014~2022년)도 과거 상승장(1999~2008년)과 비슷한 내용이 많다는 점이 이채롭기에 소개하고자 한다. 서울 부동산의 과거 상승장과 최근 상승장 흐름을 시계열로 비교해보자.

상승장 6년 차에 맞이한 조정
(2004년, 2019년)

1999년부터 시작된 서울 부동산 상승장은 6년 차인 2004년에 조정을 겪었고, 2014년부터 시작된 서울 부동산 상승장 역시 6년 차인 2019년 상반기에 조정을 겪었다. 이코노미스트 홍춘욱 박사에 따르면, 우리나라는 집값이 오르기 시작하면 주택 인허가도 늘어나기 시작해 상승장 4~5년 차쯤에는 입주로 이어지는 경우가 많기 때문에 상승장이 5년을 넘기기 어렵다. 실제 역사가 그러했으며, 이번 상승장 6년 차에 해당하는 2019년에도 헬리오시티와 고덕 입주 물량이 몰리면서 조정장이 찾아왔다.

다시 상승 동력을 제공한 토지보상금
(2006년, 2021년)

각각 1999년, 2014년부터 지속된 상승으로 피로감이 조금씩 누적되던 차에 새로 풀리기 시작한 신도시 토지보상금이 다시 한번 상승 동력을 제공한 셈이 됐다. 2006년과 2021년에는 광교신도시, 3기 신도시 토지보상금이 지급되면서 상승장에 기름을 부었다(참고로 2006년과 2021년은 2000년 이래 서울 집값 상승률 2위, 4위에 해당하는 해다).

주택구입부담지수 최대치 도달
(2008년, 2022년)

2008년 2분기는 서울 중위소득 가구가 서울 중위가격 주택을 살 때 주택담보대출 원리금 상환에 소득의 41%를 사용하면서 주택구입부담지수상으로 당시 상승장의 최고점을 기록했다.

현재는 2022년 2분기 기준으로 서울 중위소득 가구가 서울 중위가격 주택을 구입할 때 주택담보대출 원리금 상환에 소득의 58%를 사용하면서 역대 최대치를 경신 중이다. 사실상 가계가 수용할 수 있는 임계치에 다다른 셈이다.

다시 만난 입주 물량 확대
(2008년, 2023년)

상승장 10년 차에 해당하던 2008년, 서울 아파트는 잠실을 중심으로 입주 물량이 급증하며 상승 동력에 큰 타격을 입었다. 마찬가지로 상승장 10년 차에 해당하는 2023년, 서울 아파트는 둔촌과 개포를 중심으로 입주 물량 급증이 예정돼 있었다. 그런데 둔촌주공의 입주가 지연될 것이 확실해지면서 과거 트렌드와는 다소 다른 흐름을 보일 것으로 예상된다.

물량 부담을 가중하는 신도시 입주
(2009~2011년 2기 신도시, 2026년 이후 3기 신도시)

2008년 입주 물량 확대로 주춤거린 서울 부동산은 2009년 판교, 2011년 광교 등 2기 신도시 입주로 물량 부담이 커져 하락의 길을 걸었다. 앞서 언급한 것처럼, 2023년 입주 물량 확대와 맞닥뜨릴 예정이었던 서울 부동산은 둔촌주공의 입주 지연이라는 예기치 못한 상황에 처했다. 다만, 2026년부터 3기 신도시 입주가 진행된다면 물량 부담이 가중될 것으로 보인다.

판교·광교·위례의 토지보상금이 지급되고 5년 후부터 입주를 시작했는데, 3기 신도시는 2021년부터 토지보상금이 지급되기 시작했으므로 5년 후인 2026년부터 입주를 시작하는 단지가 나타날 것으로 예상된다(참고로 2022년 8월 말 기준 토지보상금 지급률은 인천 계양 완료, 하남 교산 97%, 부천 대장 70%, 남양주 왕숙 69%다). 신도시가 서울 부동산에 영향을 미치지 않을 것이라는 의견들도 있는데, 실상은 그렇지 않을 것이다. 이에 관해서는 뒤에서 자세히 다루겠다.

| 3. 다주택자 규제의 허상

부동산 규제는 다주택자들을 주요 타깃으로 삼는다. 김현미 국토교통부 장관의 취임식 발언에서 드러났듯이, 지난 정부도 집값 상승의 원인을 다주택자들의 매집으로 규정짓고 다주택자에 대한 규제로 일관했다.

다주택자에 대한 규제가 어떤 결과를 낳았을까? 2016년부터 2020년까지

(단위: %, 가구)

구분	KB 상승률	1주택	2주택	3주택	4주택	5주택 이상
2016년	3	-30,572	+9,480	+5,369	+1,653	+2,834
2017년	4	+7,095	-481	+2,291	+1,515	+710
2018년	10	+14,207	-2,403	-1,601	-713	-256
2019년	3	+9,054	+1,285	-304	+204	+213
2020년	11	+40,656	-2,939	-1,984	-1,222	-1,312

서울 아파트 연도별 상승률(KB부동산 기준)과 보유 주택 물건별 가구 수 증감폭을 뽑아봤다.(표 1-1)

좀 더 이해하기 쉽도록 1주택 가구와 2주택 이상 보유 가구의 증감폭으로 간소화한 것이 〈표 1-2〉다.

2016년은 1주택 가구가 많이 줄고 2주택 이상 가구가 많이 늘어난 것으로 미루어 1주택 이상 보유 가구가 주택을 적극적으로 늘려간 해로 판단된다. 그러다가 2018년이 되자 1주택 가구가 늘어나고 2주택 이상 보유 가구가 감소했다. 2017년 8·2대책으로 2018년 4월부터 다주택자 양도세가 중과되자, 다주택자들이 양도세 중과 전에 보유 주택을 처분한 것으로 보인다. 2020년이 되자 이 흐름은 더욱 강화돼 1주택 보유 가구가 큰 폭으로 증가하고 2주택 이상 가구는 많이 감소했다.

2018년과 2020년에는 집값이 급등했는데 1주택 보유 가구가 크게 늘고 2주택 이상 보유 가구가 많이 감소했다는 공통점이 있다. 실제 서울 아파트 가

(단위: %, 가구)

구분	KB 상승률	1주택	2주택 이상
2016년	3	-30,572	+19,336
2017년	4	+7,095	+4,035
2018년	10	+14,207	-4,973
2019년	3	+9,054	+1,398
2020년	11	+40,656	-7,457

격 상승률과 1주택 보유 가구 그리고 2주택 이상 보유 가구 증감폭의 상관계수를 뽑아봤다. 그 결과 서울 아파트 가격 상승률과 1주택 보유 가구 증감은 +0.70으로 매우 높은 양의 상관관계가 있고, 서울 아파트 가격 상승률과 2주택 이상 보유 가구 증감은 -0.75로 대단히 높은 음의 상관관계가 있는 것으로 확인됐다(상관계수란 두 지표 간의 상관관계를 지표화한 것인데 ±0.5를 넘어서면 상관관계가 유의미하다고 본다). 즉, 1주택 보유 가구가 증가하면 집값이 올랐고, 2주택 이상 보유 가구가 증가하면 집값이 떨어졌거나 덜 올랐다는 이야기다.

전국 단위 데이터를 대상으로 상관계수를 산출해도 똑같은 결과가 나왔다. 전국 집값 상승률과 1주택 보유 가구 증감 간 상관계수는 +0.53으로 역시 높은 양의 상관관계가 있고, 전국 집값 상승률과 2주택 이상 보유 가구 증감 간 상관계수는 -0.71로 변함없이 높은 음의 상관관계가 있었다.

왜 이런 결과가 나왔을까? 2000년부터 2021년까지 서울 아파트 연도별 상승률을 보면 역대 2위와 5위에 해당하는 2006년과 2018년은 공통점이 하나 있다. 앞서 언급한 대로 직전 연도인 2005년과 2017년에 다주택자 양도세 중과 규제가 발표됐고, 이듬해인 2006년과 2018년에 다주택자 양도세 중과가 시행됐다는 점이다. 그 결과 이 두 해는 2000년 이래 역대 2위와 역대 5위의 폭등을 기록했다. 결국 다주택자를 인위적으로 줄이려는 시도가 시장의 폭등으로 귀결됐다는 의미다.

주택산업연구원은 이것이 시장경제 체제의 본질적 특징이라고 이야기하면서 대표적인 사례로 과거 동구권 사회주의 국가들을 들었다. 이 나라들은 다주택 보유를 금지하고 1가구 1주택 정책을 유지하다가 독립 후 시장경제 체제를 도입했는데, 당시 주택 시장에 유통 가능 물량이 절대적으로 부족해 매매가와 임차료가 급등했다. 물론 다주택자의 역기능에 적절한 규제는 필요하다. 하지만 역기능만 존재하는 게 아니다. 정부가 다주택자의 순기능도 인정하고 시장과 적절히 조화를 이루게 하는 지혜를 발휘해야 한다.

┃ 4. 전셋값 폭등은 임대차3법보다 금리 인하 때문이다?

한 언론사에서 전셋값 폭등이 임대차3법 때문이라기보다는 금리 인하 때문이라는 기사를 낸 적이 있다. 코로나19 사태 발발 이후 금리가 급격하게 하락하면서 집주인들은 전세금을 받아 은행에 넣어봤자 이자가 너무 적으니 전세금을 올리고, 세입자들 역시 낮아진 금리로 쉽게 대출을 받아 전세금을 올려준다는 내용이었다. 2020년의 전셋값 폭등은 초저금리의 영향이 컸다고 적시하면서 임대차3법의 영향을 축소하는 듯한 뉘앙스의 주장을 했다.

과연 그럴까? 코로나19 팬데믹이 시작되자 우리나라 기준금리는 1.25%에서 2020년 3월 0.75%, 5월 0.50%로 빠르게 내려갔다. 그리고 임대차3법은 2020년 7월 6일 발의돼 7월 30일 통과 및 시행에 들어갔다.

전셋값은 언제부터 움직였을까? 2020년 분기별 서울 아파트 전셋값 상승률(KB부동산 기준)은 1분기 0.8%에서 2분기 0.5%, 3분기 4.3%, 4분기 6.2%로 3분기부터 시간이 지날수록 상승폭을 키웠다.

기사 내용대로라면 3월 0.5%와 5월 0.25%의 금리 인하로 전셋값이 2분기부터 최소한 '꿈틀대기'라도 해야 했는데, 오히려 2분기 상승률이 1분기보다 낮았다. 그리고 7월에 임대차3법이 발의 및 시행에 들어가자 3분기부터 폭등의 길로 들어섰다.

전셋값 폭등의 주범이 금리 인하일까, 임대차3법일까? 〈그림 1-3〉을 통해 충분히 알 수 있으리라고 본다(한국은행도 전셋값 폭등의 주범은 저금리가 아니라 임대차3법 시행에 따른 수급 불균형 때문이라고 밝힌 바 있다).

집주인이 전세금을 받아 은행에 넣어봤자 이자가 너무 적으니 전세금을 올

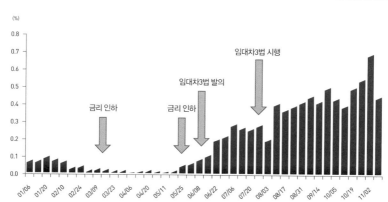

〈그림 1-3〉 2020년 서울 아파트 주간 전셋값 상승률

• 출처: KB부동산

리고, 세입자들 역시 낮아진 금리로 쉽게 대출을 받아 전세금을 올려준다는 내용도 얼핏 일리 있게 들리지만 늘 맞는 것은 아니다.

2020년에는 서울 아파트 입주 물량이 역대급으로 많은 5만 7,000여 호에 달했다. 이 많은 입주 물량이 전셋값에 강한 하방 압력으로 작용했음을 부인하는 사람은 없을 것이다. 집주인이 이자가 너무 싸서 전세금을 올린다는 건 공급이 부족한 시장 환경에서는 가능하지만 공급이 많은 시장 환경에서는 불가능하다.

2020년은 공급이 충분한 해였다. 금리가 인하됐어도 전셋값을 올리기 힘든 환경이었다는 이야기다. 그래서 3월과 5월에 금리를 인하했음에도 2분기 전셋값 상승률이 오히려 1분기보다 낮아진 것이다. 그런데 7월에 임대차3법이 발의 및 시행되자 계약갱신청구권 사용에 따른 전세 유통 매물 급감으로 전셋값이 폭등하기 시작했다. 그저 시장에 맡겨됐다면 전셋값이 안정화됐을 것이다. 시장 안정화의 기회를 놓친, 뼈아픈 정책 실기 사례다.

2

변곡점을
맞이한 서울
그리고 수도권

부동산 버블을 판단하는 객관적인 지표

나는 기본적으로 재화의 가치는 등락을 거듭할지언정 결국은 펀더멘털로 수렴한다고 생각한다. 따라서 펀더멘털 대비 저평가됐을 때 매수하고 고평가됐을 때 매도해야 한다는 입장인데, 부동산도 예외는 아니다. 그런 입장에서 현재 서울 부동산의 펀더멘털 대비 상황을 되짚어보는 것은 변곡점 여부를 판단하고 매수·매도를 결정지을 중요한 근거가 되기에 확인해보지 않을 수 없다.

　그 전에 상당히 잘못 알려진 부분을 먼저 짚어보고자 한다. 결론부터 이야기하면, 서울 부동산의 전고점이 서브프라임 모기지 사태와 리먼 브러더스의 파산으로 촉발된 글로벌 금융위기에서 비롯됐다고 생각하는 사람이 많은데 사실은 그렇지 않다. 2008년에 글로벌 금융위기가 발생하자 정부는 2008년 10월부터 2009년 2월까지 5개월 동안 매월 기준금리를 인하했고(5.25%에서 2.00%까지), 때마침 2009년에 위례신도시 토지보상금까지 지급되면서 시중 유동성이 대폭 강화됐다. 그 결과 서울 부동산도 2009년 4월부터 반등해 연말까지 상승했다. 이후 중장기 하락의 길을 걷게 되는데, 글로벌 금융위기 1년 뒤인 2009년에 정점을 찍고 2013년까지 하락했다는 사실은 당시 중장기 하락장이 글로벌 금융위기가 초래한 결과가 아님을 보여준다. 그 기간에 지방 광역시들은 오히려 폭등했는데, 글로벌 금융위기가 서울에만 영향을 미치고 광역시들에는 영향을 미치지 않았다는 것은 말이 안 된다. 이 사실만 보더라도 당시 글로벌 금융위기 때문에 서울 부동산이 중장기 하락장에 빠진 것은 아니라는 사실을 알 수 있다.

그렇다면 2009년 하반기부터 서울 부동산을 중장기 하락으로 이끈 것은 과연 무엇일까? 바로 '최고점에 다다른 버블의 붕괴'였다. 1999년부터 2009년까지 무려 10여 년간 상승을 지속한 서울 부동산이 '최고점에 다다른 버블'로 상승의 임계치에 달했다는 의미다. 아무리 수요가 많다고 하더라도 끝없이 치솟는 가격에 언제까지나 수요가 따라붙을 수는 없다. 굳이 수요-공급 곡선을 그려보지 않더라도, 재화의 가격이 올라가면 수요가 감소한다는 것은 누구나 아는 사실이다.

그렇다면 상승의 임계치에 달할 만한 '버블의 정점'은 어떻게 측정할 수 있을까? 나는 다음 두 가지 지표를 제시한다.

버블 수준을 알려주는 주택구입부담지수

첫 번째 지표는 '주택구입부담지수'다. 한국주택금융공사 주택금융연구원에서 3개월마다 산출해 발표하는 지수로, 중위소득 가구가 표준대출을 받아 중위가격 주택을 구입할 때의 상환 부담을 나타낸다. '지수 100'은 주택담보대출 원리금 상환으로 가구 소득의 25%를 쓴다는 의미다. 예컨대 서울의 주택구입부담지수가 100이라면 중위소득의 서울 가구가 중위가격의 서울 주택을 구입할 때 소득의 25%를 주택담보대출 원리금 상환에 사용한다는 이야기다.

주택구입부담지수가 유의미한 지표라고 판단하는 이유는 그동안 집값 고공 행진을 초래한 가장 큰 이유 중 하나였던 '저금리'를 지수 산출 도구에 포함하면서 소득 대비 대출 원리금 상환 부담을 수치화했기 때문이다. 그런 의미에서 소득 대비 집값을 나타내는 PIR보다 유의미한 지표라고 판단한다.

주택구입부담지수가 164 내외(소득의 41%를 주택담보대출 원리금 상환에 사용하는 수준)를 기록했던 과거 두 차례 모두 서울 부동산이 단기든 중장기든 조정장에 빠진 이력이 있다(2008년 2분기 164.8 이후 2013년까지 중장기 하락장 진입, 2018년 4분기 163.8 이후 2019년 상반기 조정장 진입). 이것만 보더라도 이 지표가 버블 수준을 판단하는 데 유용하다는 것을 알 수 있다.

전세가 대비 매매가의 버블을 알려주는 전세가율

두 번째 지표는 '전세가율'이다. 전세가를 매매가로 나눈 것으로, 매매가에서 전세가가 차지하는 비중을 나타낸다. 전세가를 '주택의 사용가치', 매매가를

'주택의 사용가치 + 주택의 투자가치'라고 볼 때 전세가와 매매가의 괴리가 커진다는 것은 주택의 사용가치보다 투자가치가 더욱 크게 반영된다는 뜻이므로 매매가의 버블이 심화된다고 이해할 수 있다.

실제 지난 상승장에서 서울 한강 이남과 이북의 정점이 달랐다. 2007년 상반기에 고점을 맞이한 서울 한강 이남은 전세가율이 40% 이하로 떨어진 반면, 같은 시기 전세가율이 아직도 50% 수준이었던 서울 한강 이북은 2008년 하반기까지 상승하다가 40% 초반대에 다다르자 상승을 멈췄다. 즉, 전세가율이 해당 지역 매매가의 버블을 나타내는 지표 중 하나라는 의미가 된다.

2008년은 서울 주택구입부담지수가 160 내외로 가장 높은 수준이었으며(서울 중위소득 가구가 서울 중위가격 주택을 구입할 때 소득의 40% 내외를 주택담보대출 원리금 상환에 사용하는 수준), 서울 아파트 전세가율이 38~39%대로 가장 낮은 수준이었기에(전세가와 매매가의 괴리가 역대 최대), 소득 및 전세가 대비 매매가의 버블이 역대 최대인 기간이었다.

따라서 2008년은 펀더멘털상 버블이 역대 최대 수준이어서 매매가 하락 전환할 막바지에 다다른 시점이었는데, 공교롭게도 글로벌 금융위기와 시기가 겹쳤을 뿐이라는 이야기다. 2009년 다섯 차례의 금리 인하와 위례신도시 토지보상금 지급은 이런 고평가 상황을 잠시 이겨내게 하는 '모르핀' 같은 역할을 해냈다. 하지만 결국 펀더멘털 대비 오버슈팅돼 극대화된 버블은 더 이상의 상승을 용인하지 않았고, 2009년 말부터 2013년까지 서울 부동산은 중장기 하락을 겪었다.

참고로 2009년 1월 기준 서울 아파트 전세가율은 38.2%로 역대 최저였던 반면, 당시 지방 광역시의 전세가율은 부산 66%, 대구 65.4%, 광주 74%, 대전 60.7%, 울산 67.9%로 전세가와 매매가의 괴리가 서울보다 월등히 작았다. 즉, 광역시의 버블 정도가 서울보다 월등히 작았기 때문에 매매가가 급등할 수 있었다.

두 지표로 본 서울 부동산의 현재 상황

주택구입부담지수와 전세가율이라는 두 지표를 가지고 현재 상황과 앞으로의 전망을 이야기해보자.

주택구입부담지수 기준 현황과 전망

서울의 주택구입부담지수를 공개하기에 앞서, 한 가지 양해를 구하고자 한다. 주택구입부담지수는 첫째 해당 지역 주택의 중위 매매가, 둘째 주택담보대출금리, 셋째 해당 지역 가구의 중위소득 데이터를 사용해 산출된다. 그런데 주택금융연구원에서 해당 지역 주택의 중위 매매가로 2004년부터 2012년까지는 KB부동산 중위 매매가를 사용했으나, 2013년부터는 한국부동산원의 중위 매매가를 사용했다. 두 기관의 중위 매매가가 다르기 때문에 시계열상으로 중간에 기준이 달라져 해당 지수를 사용한 분석이 오류를 초래할 수 있다는 단점이 있다. 그래서 나는 주택금융연구원이 발표하는 지수를 '주택구입부담지수-구'라고 하고, 2013년 이후 주택의 중위 매매가도 KB부동산 기준으로 환산해서 산출한 지수를 '주택구입부담지수-신'으로 수정해 적용했다. 그 결과는 다음과 같다.

〈그림 2-1〉은 2004년 1분기부터 2022년 2분기까지 주택구입부담지수 추이와 해당 기간의 지수 평균(132.5)을 보여준다. 검은색 선은 주택금융연구

• 출처: 주택금융연구원

원이 발표한 '주택구입부담지수-구'이며, 파란색 선은 KB부동산 중위 매매
가로 환산해 적용한 '주택구입부담지수-신'이다. 기준을 통일하기 위해 '주택
구입부담지수-신'을 바탕으로 이야기하고자 한다.

　여기서 눈여겨봐야 할 것 중 하나가 2008년 2분기 지수 164.8과 2018년
4분기 지수 163.8이다. 이는 서울 중위소득 가구가 서울 중위가격 주택을 구
입할 때 소득의 41%를 주택담보대출 원리금 상환에 사용하는 수준임을 의미
하는데, 당시 서울 부동산은 주택구입부담지수가 164 내외에 도달한 이후 중
장기 또는 단기 하락장에 빠졌다. 즉, 주택구입부담지수 164는 서울 중위소득
가구가 서울 중위가격 주택을 구입할 때 감당할 수 있는 대출 원리금 상한선
이라는 것이 두 차례의 사례를 통해 입증된 셈이다.

　그런데 이 지수 고점 164를 2020년 4분기에 돌파하더니, 그 이후도 급상
승을 지속해 2022년 2분기에는 231.4까지 올랐다(서울 중위소득 가구가 서울 중위
가격 주택을 구입할 때 소득의 58%를 주택담보대출 원리금 상환에 사용하는 수준).

높아도 너무 높다. 그런데 어떻게 지수가 전고점을 이리도 쉽게 돌파하고, 심지어 더 높이 오를 수 있는 것일까? 도대체 어떤 일이 벌어진 것일까?

과거의 상황을 돌이켜볼 때, 지수가 전고점에 도달한 2020년 4분기 이후 시장은 하향 안정화의 길로 갔을 가능성이 크다. 그러나 '특수한 상황'이 시장이 그렇게 가도록 두지 않았다. 그 '특수한 상황'은 앞서 언급한 대로 정부 규제의 부작용에서 비롯됐다. 2017년의 8·2대책으로 2018년 4월부터 다주택자 양도세 중과가 시행돼 매매 유통 물량이 대폭 줄면서 매매가를 급등시킨데 이어, 2020년 8월 임대차3법 시행으로 전세 유통 물량이 감소해 전세가를 급등시킨 게 그것이다. 결국 정부 규제의 여파로 매매가도 전세가도 펀더멘털 이상으로 급등해 주택구입부담지수가 전고점을 가볍게 돌파한 것이다.

다소 비슷한 개념으로 'KB-HOI(주택구입잠재력지수)'라는 것도 있다. 서울 중위소득 가구가 표준대출을 받아 살 수 있는 서울 아파트의 비율을 나타내는 지표인데, 2022년 2분기 기준 2.8%에 불과하다는 결과가 나왔다. 참고로, 매매가 전고점인 2009년 4분기에는 이 비율이 14.2%였다. 즉, 과거에는 서울 중위소득 가구가 구입할 수 있는 서울 아파트의 비율이 14.2%까지 떨어졌을 때 서울 부동산이 중장기 하락장에 빠졌는데, 2022년 2분기에는 이 비율이 2.8%에 불과했다는 이야기다.

서울 부동산은 늘 수요가 넘친다는 주장도 있으나, 가격 자체가 너무 높아져서 수요가 따라붙기 힘들 정도가 되면 결국 수요도 줄기 마련이다. 수요가 무한정 따라붙을 수는 없다는 뜻인데, 이를 나는 '유효 수요의 감소(이탈)'라고 표현한다. 서울 아파트 입주 물량이 적었음에도 2010~2013년에 찾아온 하락장 역시 매매가와 전세가의 괴리가 너무 커지면서 유효 수요의 감소가 초래한 결과로 판단된다. 주택구입부담지수는 전고점을 크게 웃돌고, 주택구입잠재력지수는 전저점을 크게 밑도는 상황이어서 현재 매매가는 유효 수요의 이탈을 불러일으키기에 충분하다고 판단한다.

덧붙이자면 소득의 양극화 심화, 즉 상위 계층의 소득 증가율이 중위 계층을 압도해서 중위소득 가구를 기준으로 하는 주택구입부담지수의 의미가 퇴색했다는 반론도 제기됐는데 실제 꼭 그렇지는 않았다. 2008년부터 2021년까지 5분위별 가구 소득(전국 2인 이상 비농림어가 기준)을 연도별로 뽑아봤는데 상위 0~20% 가구 월평균 소득은 2008년 664만 6,779원에서 2021년 1,077만 7,351원으로 62% 증가했고, 중위소득에 해당하는 상위 40~60% 가구 월평균 소득도 2008년 301만 6,232원에서 2021년 480만 7,038원으로 59% 증가해 그리 심각한 차이는 발생하지 않았음이 확인됐다.

〈그림 2-2〉 서울 아파트 전세가율 추이

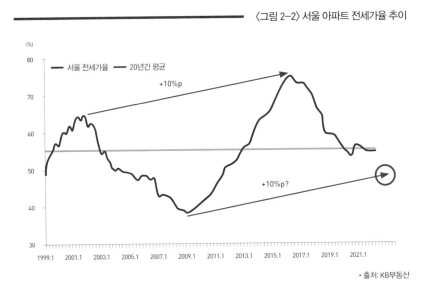

• 출처: KB부동산

전세가율 기준 현황과 전망

이번에는 전세가율을 들여다보자. 전세가율이 높다는 건 매매가와 전세가의 괴리가 좁아졌다는 것이고, 전세가율이 낮다는 건 매매가와 전세가의 괴리가 커졌다는 것이다. 앞서 언급했듯이 전세가는 주택의 수요와 공급의 결과가 거품 없이 그대로 반영되는 지표인 만큼 주택의 사용가치를 대변하고, 매매가는 여기에 주택의 투자가치가 포함된 개념이다. 따라서 매매가와 전세가의 괴리가 커지면 주택의 사용가치보다 투자가치가 더 크게 반영되므로 '거품'이 끼기 시작했다고 판단할 수 있다. 즉, 전세가율의 고저는 전세가(사용가치) 대비 매매가(투자가치)에 끼어 있는 거품의 크기를 나타낸다고 할 수 있다. 쉽게 말해, 전세가율이 낮으면 매매가의 거품이 크고 전세가율이 높으면 매매가의 거품이 작다고 본다.

2022년 9월 기준 서울 아파트 전세가율은 54.7%다. 이는 최근 20년간 평균 54.4%와 유사한 수준이고, 전고점인 75.1%(2016년 7월)와 전저점인 38.2%(2009년 1월)의 중간치 정도 된다. 이를 기준으로 하면 여전히 전세가율이 높아 보인다. 실제 2020년 하반기에 주택구입부담지수가 전고점을 돌파했음에도 매매가 상승세를 이어갈 수 있었던 원동력 중 하나로 '높은 전세가'가 꼽힌다. 임대차3법 시행으로 더욱 높아진 전세가가 매매가를 지탱해준 강력한 원동력이 됐다. 이를 방증하듯, 2017~2020년 25% 내외에 머물던 서울 아파트 갭투자 비율이 2021년 40%를 넘었다. 즉, 높은 전세가에 바탕을 둔 갭투자가 서울 아파트 가격 상승세의 원동력 중 하나였다고 볼 수 있다.

그러나 전세가율의 전고점에 관해서는 과거와 동일한 잣대를 들이댈 수 없는 부분이 하나 있다. 바로 '전세자금대출'의 활성화 여부다. 즉, 전세자금대출이 활성화되기 전의 전세가율과 활성화된 후의 전세가율을 동일선상에서 비교하기에는 무리가 있다는 이야기다. 참고로 전세자금대출이 활성화되기 전의 전세가율 최고점은 64.6%(2001년 10월)였으며 최저점은 38.2%(2009년 1월)였다. 또 전세자금대출이 활성화된 후의 전세가율 최고점은 75.1%(2016년 7월)로, 이전 최고점 대비 10%p가량 높았다. 이를 바탕으로 전세자금대출이 활성화된 후 전세가율 최저점도 이전 최저점 대비 10%p가량 상승한다고 가정하면, 48% 내외가 된다. 즉, 서울 아파트 전세가율이 48% 내외까지 떨어질 경우 매매가가 본격적인 하락으로 치달을 가능성이 크다고 추정해볼 수 있다.

종합해보면, 현재의 주택구입부담지수로 보건대 서울 아파트 매매가는 사실상 고점에 다다랐다고 판단된다. 따라서 현시점에 서울 아파트를 매수하는 것은 상당히 위험하다고 할 수 있다. 그런 한편 전세가율은 아직 높은 편이나 50%에 근접할 경우 매매가가 본격적으로 하락할 가능성이 커보인다.

지금이 하락장이 아니다?

현재가 하락장이 아니라고 주장하는 사람들도 있다. 일부 기관의 매매지수가 큰 폭의 하락을 가리키지 않기 때문이라는 것이 주요 근거다. 그러나 일부 기관의 매매지수는 하락장 전환을 상당히 늦게 반영한다. 나는 상승장, 하락장의 판단을 실거래가로 한다. 실제 거래되는 가격이 오르고 있다면 상승장이며, 내리고 있다면 하락장이라는 이야기다.

서울에서 세대수가 가장 많은 아파트 단지 'Top 20'을 추려 이 단지들의 전용면적 84m² 기준 평균 실거래가 추이를 뽑아봤다. 세대수가 많은 대형 단지

(단위: 호, 천만 원)

소재지	단지명	세대수	2021				2022		
			1분기	2분기	3분기	4분기	1분기	2분기	3분기
송파구	헬리오시티	9,510	208	207	222	226	218	214	211
송파구	파크리오	6,864	213	221	228	237	219	225	208
송파구	엘스	5,678	233	–	243	262	248	235	219
송파구	리센츠	5,563	231	231	245	254	250	241	225
송파구	올림픽선수 기자촌	5,540	201	207	243	–	242	230	–
중구	남산타운	5,152	139	139	145	150	148	148	159
강동구	고덕 그라시움	4,932	171	174	186	187	189	171	162
성북구	한신한진	4,515	84	85	90	97	–	89	77
송파구	올림픽 훼밀리	4,494	184	193	200	201	195	195	167
강남구	은마	4,424	239	245	261	282	255	271	254
서대문	DMC 파크뷰자이	4,300	136	138	144	144	132	137	117
강동구	고덕 아르테온	4,066	165	167	174	178	185	198	158
송파구	잠실 주공5단지	3,930	245	264	285	320	–	310	268
노원구	미성미륭 삼호3차	3,930	76	83	87	83	81	82	69
마포구	마포래미안 푸르지오	3,885	181	178	188	189	–	185	179
강북구	SK 북한산시티	3,830	76	79	80	88	81	81	71
송파구	트리지움	3,696	214	219	234	242	231	226	210
강동구	고덕래미안 힐스테이트	3,658	163	158	165	164	–	154	150
관악구	관악 드림타운	3,544	103	105	111	114	108	104	–
노원구	중계그린	3,481	65	72	78	–	77	–	–

• 미성미륭삼호3차는 미성미륭 50㎡, 중계그린은 59㎡ 기준. • 출처: 국토교통부

45

들이 시세를 이끈다는 사실에는 이견이 없을 것으로 본다. 개별 단지마다 사정은 있겠으나 20개 대형 단지의 실거래가를 추출해보면 트렌드를 알아볼 모수로서 충분하다고 생각한다.

〈표 2-1〉은 서울 20개 대형 단지의 전용면적 84m² 평균 실거래가 추이를 나타낸 것인데, 2022년 3분기 실거래가는 10월 31일까지 등재된 건까지만 반영했다. 금액 단위는 1,000만 원이며, '-'로 표시된 곳은 해당 분기에 거래가 없었다는 의미다. 그리고 각 분기의 '이상 거래가'는 배제했는데, 이상 거래가 기준은 해당 분기 최고가 대비 20% 이상 하락한 가격으로 삼았다. '직거래'도 제외했다.

모수가 20개 대형 단지이니 대체적인 방향성은 파악할 수 있다고 판단된다. 당장 20개 단지 대부분의 2022년 3분기 평균 실거래가가 2021년 상반기 실거래가보다 낮다는 점이 눈에 띈다. 2021년 상승폭을 반납한 단지가 많다

〈표 2-2〉 서초구 · 강남구 대단지의 평균 실거래가 추이

(단위: 호, 천만 원)

소재지	단지명	세대수	2021				2022		
			1분기	2분기	3분기	4분기	1분기	2분기	3분기
서초구	반포자이	3,002	287	299	322	363	365	372	–
서초구	반포래미안 퍼스티지	2,444	302	324	350	368	366	384	378
강남구	래미안 대치팰리스	1,608	–	306	308	321	–	330	–
강남구	도곡렉슬	3,002	289	285	293	288	313	312	296

• 출처: 국토교통부

는 의미다.

한편, 서초구와 강남구 대단지의 평균 실거래가 추이도 알아봤다. 〈표 2-2〉에 정리한 4개 단지는 서초구와 강남구 단지 중에서 규모가 큰 편에 속하는데, 앞서 본 세대수 Top 20 단지들보다 2022년도 실거래가가 상대적으로 강세인 점이 확인된다. 이 단지들은 가격이 하락하지 않았거나 덜 하락했다는 이야기다.

평균 실거래가 추이를 종합해보면 두 가지를 알 수 있다. 첫째는 실거래가가 전반적으로 하락 추세라는 것이다. 둘째는 다만 그 와중에도 서초구·강남구 단지들은 상대적으로 강세를 띤다는 것이다. 그러나 서초구·강남구의 몇몇 단지가 전체를 대변할 수는 없기 때문에 전반적으로 하락장에 진입했다는 점은 부인할 수 없다. 게다가 서초구·강남구 단지들만 버티는 것도 머지않아 한계에 봉착할 것으로 예상한다.

거래 건수가 매우 적기 때문에 이것을 하락 전환의 근거로 삼을 수 없다는 의견도 있다. 그러나 본디 하락장에서는 거래 자체가 적다. 매물에 매수세가 따라붙지 않기 때문이다. 거래가 매우 적어서 하락장으로 볼 수 없다는 의견은 그래서 현실 부정으로 이어질 수 있다. 현실을 제대로 파악하는 것은 의사결정을 할 때 필수적인 전제 조건인데도 말이다.

중장기 고점이 당겨진 이유

서울 부동산은 사실상 변곡점에 다다랐는데, 이후의 시장을 전망하기에 앞서한 가지 짚고 넘어갈 것이 있다. 나는 그동안 책, 블로그, 카페 그리고 여러 매체를 통해 2023년 전후가 서울 및 수도권 부동산의 중장기 고점이 될 것으로 전망해왔는데 그 시기가 예상보다 앞당겨졌다. 이에 관해서 설명이 필요할 것 같다.

표면적인 이유는 주택구입부담지수가 '예상보다 훨씬 빠르게' 상승했기 때문이다. 전고점을 훌쩍 뛰어넘어 전인미답의 수준까지 매우 빠르게 올라선 것이다. 주택구입부담지수는 2020년 하반기에 이미 전고점을 넘어섰지만, 나는 앞서 언급한 대로 서울·경기 10~11년 차 부부의 급증, 입주 물량의 감소, 유동성 확대를 이유로 2021년 급등을 전망한 바 있다. 예상대로 급등은 했으나 그 폭이 예상을 뛰어넘는 수준이었다. 2021년 16.4%라는 상승률은 2006년(24.1%) 이래 15년 만의 최대 상승폭이었다. 상승장 후반기에 나타난 상승률치고는 이례적인 수준이라고 할 만하다. 코로나19 여파로 유동성이 대폭 강화되면서 예상보다 더 크게 오른 것이다.

게다가 2022년에는 러시아-우크라이나 전쟁이 발발하면서 세계적으로 인플레이션이 심화됐으며, 누구도 예상하지 못한 수준으로 금리 인상이 빠르게 진행됐다. 자연히 주택구입부담지수도 급격히 상승해 주택의 유효 수요를 대폭 감소시켰다. 즉, 2021년은 유동성 급증, 2022년은 금리 급등으로 주택구입부담지수가 가파르게 오르면서 내가 예상했던 중장기 고점이 2023년 전후에서 2022년으로 앞당겨진 것이다. 코로나19와 전쟁이라는 예기치 못한 변수가 나비 효과를 일으켜 부동산 고점을 당긴 셈이다.

변곡점 이후의 서울과 수도권 부동산

서울 아파트가 중장기 고점에 이르렀다고 해서 곧바로 매매가가 급락한다는 것을 의미하지는 않는다. 앞서 살펴봤듯이, 매매가가 본격적으로 하락 전환하기에는 전세가율이 아직도 높기 때문이다. 전세가율이 현재 55%에 달하므로 매매가가 급락을 거듭할 상황은 아니라고 볼 수 있다.

변곡점은 닥쳤지만 급락을 거듭할 가능성은 작다

원래는 2023년 하반기부터 하방 압력이 점증할 것으로 봤는데, 그 이유는 2023년 8월에 둔촌올림픽파크포레온(둔촌주공 재건축)과 반포래미안원베일리(신반포3차 + 경남 재건축)가 동시에 입주해서다. 두 단지를 합치면 1만 5,000여 호에 이르는 막대한 물량으로, 헬리오시티의 2배 가까이 된다. 2018년 말부터 입주를 시작한 헬리오시티로 인해 2019년 상반기에 서울 아파트의 전세가뿐 아니라 매매가도 일시적인 조정을 겪지 않았던가. 그런데 그 2배 가까이 되는 물량이라면 시장에 어느 정도의 영향을 미칠지 충분히 짐작할 수 있을 것이다.

더 멀리 거슬러 올라가 2008년 7~9월에 잠실엘스·리센츠·파크리오 1만 8,000여 호가 입주했을 때 서울의 전세가가 얼마나 내려갔는지 기억하는 독자라면, 1만 5,000여 호 동시 입주의 파괴력이 상당하리라는 데 동의할 것이다. 게다가 두 단지의 입주장이 채 끝나지도 않았을 3개월 후인 11월에는 개포 디에이치퍼스티어아이파크(개포주공1단지 재건축) 7,000여 호의 입주도 예정돼 있다. 따라서 2023년 하반기는 2008년 7~9월 상황의 재림이 될 것이라고 보기에 무리가 없었고, 서울의 전세가뿐 아니라 매매가도 타격을 입을 것으로 예상됐다. 특히 현재 서울의 매매가는 전세가에 기대는 부분이 큰데, 큰 규모의 입주 물량이 집중되면 전세가가 출렁거릴 수밖에 없고 연달아 매매가에도 영향을 줄 가능성이 크다.

그런데 둔촌주공 조합과 시공단 사이의 갈등이 커져 2023년 8월 예정이었던 입주가 무산됐고, 그 시기를 기약하기 어려워졌다. 예상치 못한 금리 급등으로 극대화된 버블이 꺼지면서 중장기 고점이 2023년 전후 전망에서 2022년으로 당겨졌고 현재 시장이 급락세를 보이지만 둔촌주공의 입주 지연은 향후 매매가 급락을 거듭할 가능성을 줄인 셈이 됐다.

전세가에 주목해야 하는 이유

서울 부동산이 중장기 고점을 찍고 일정 수준의 조정을 겪은 후에는 또 어떤 변화를 겪을까?

우선 나는 2023~2024년 서울의 전세가는 많은 기관 및 전문가들이 예측하는 바와 다르게 약보합세를 기록할 가능성이 크다고 추정한다. 많은 사람이 2023~2024년 서울의 전세가를 상승으로 예상하는 이유는 입주 물량이 매우 적을 것으로 보기 때문인데, 근거 없는 이야기는 아니다. 그러나 서울의 전세가에 영향을 미치는 인자 중에서 입주 물량이 절대적인지는 좀 더 들여다볼 필요가 있다.

2011~2019년 서울 아파트 입주 물량과 서울 아파트 전세가 상승률을 비교해봤더니 두 지표 간의 상관계수가 -0.25로 나타났다. 그리 낮은 것은 아니지만 그렇다고 유의미한 수준이라고 하기도 어려운 상관계수다. 즉, 서울 아파트 입주 물량이 많다고 해서 서울 아파트 전세가 상승률이 반드시 떨어지는 건 아니라고 해석할 수 있다.

그런데 2011~2019년 수도권 아파트 입주 물량과 서울 아파트 전세가 상승률을 비교해봤더니 두 지표 간의 상관계수가 -0.63으로 매우 높은 음의 상관관계를 보였다. 한술 더 떠서 2011~2019년 수도권 아파트 입주 물량과 1년 후 서울 아파트 전세가 상승률을 비교해봤더니 두 지표 간의 상관계수는 -0.69로 더 높게 나왔다. 즉, 수도권 아파트 입주 물량이 많이 늘면 1년 뒤 서울 아파트 전세가에 영향이 미친다는 이야기다.

알기 쉽게 한 가지 사례를 들어보겠다. 최근 수년간 입주 물량이 가장 많았던 수도권 지역을 꼽으라면 어디일까? 알다시피 동탄2신도시다. 사람들은 보통 동탄2신도시 입주가 서울 부동산과는 무관하다고 생각할 것이다. 하지만 실제로는 그렇지 않았다.

2015년부터 입주가 시작된 동탄2신도시 여파로 화성시 전세가가 2017년 1분기에 정점을 찍고 내려가기 시작했다. 경부고속도로 라인으로 화성시 바로 북쪽에 인접한 수원시 전세가가 그다음 분기인 2017년 2분기에 정점을 찍고 내려가기 시작했고, 그 바로 북쪽에 인접한 용인시 전세가가 그다음 분기인 2017년 3분기에 정점을 찍고 내려가기 시작했으며, 그 바로 북쪽에 인접한 성남시와 서울시 전세가가 2018년 1분기에 정점을 찍고 내려갔다. 즉, 서울에서 멀리 떨어진 동탄2신도시 입주 물량이 파도를 타듯 시차를 두고 인근 지역에 영향을 미치다가 1년 후 서울 전세가에도 영향을 미친 것이다. 2018년 2분기의 서울 전세가 하락은 당시 서울 아파트 입주 물량이 많지 않았기에 동탄2신도시 입주 영향 외에는 설명할 길이 없다.

이런 사례들이 의미하는 바는 명확하다. 서울 아파트 전세가는 서울 입주 물량보다 수도권 입주 물량과 더 밀접한 상관관계가 있다는 것이다. 서울 전세가가 너무 오르면 세입자는 '수도권'이라는 대체재를 선택하게 된다는 의미고, 따라서 서울 입주 물량이 줄어들더라도 수도권 입주 물량이 이를 상쇄할 만큼 늘어난다면 서울 아파트 전세가는 상승폭을 줄일 수 있다는 이야기도 된다.

전세가 이야기를 길게 한 이유가 있다. 거듭 강조하는바, 주택구입부담지수로 보건대 현재의 집값은 원래는 도달하기 어려운 수준이었다. 그러나 규제의 부작용, 저금리, 높은 전세가가 어우러지면서 최장기간 상승을 뒷받침해왔다. 이 중에서 규제의 부작용과 저금리는 일정 부분 해소되고 있으니 매매가를 지탱하는 남은 한 축이 전세가다. 2021년 서울 아파트 갭투자 비율이 40%에 달한 이유가 여기에 있다. 그냥 구입하기에는 서울 집값이 너무 올라서 결국 전세를 끼고 사는 갭투자 비율이 높을 수밖에 없었던 것이다. 그런 만큼 전세가의 향방은 매매가의 향방에도 큰 영향을 미친다고 하겠다.

그렇다면 2023~2024년 서울 전세가는 어떤 움직임을 보일까? 앞서 말했듯이 서울 전세가는 수도권 입주 물량과 밀접한 상관관계가 있다. 그렇다면 수도권 입주 물량을 예측해야 하는데, 이때 인용할 수 있는 것이 수도권 착공 물량이다. 수도권 아파트 착공 물량은 2017년 18만 3,952호, 2018년 17만 8,966호, 2019년 21만 9,131호, 2020년 21만 8,567호, 2021년 23만

〈그림 2-3〉 수도권 아파트 연도별 착공 물량

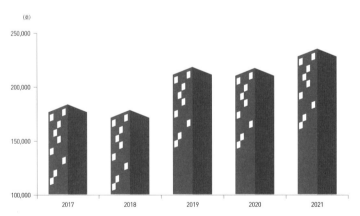

• 출처: 통계청

5,882호로 증가 추세를 보였다. 이 아파트들이 2~3년 후에 입주한다고 가정한다면 2023~2024년의 연평균 입주 물량은 2020~2022년보다 많을 것이며, 이는 서울 부동산의 전세가 하향 안정화를 가능하게 할 요소가 될 것이다. 게다가 임대차3법 시행 후 펀더멘털 이상으로 오버슈팅한 전세가가 펀더멘털로 회귀하면서 역전세 현상도 나타나고 있어 매매가의 부진을 심화시킬 전망이다. 다만 최근 글로벌 인플레이션 심화에 따른 원자재 가격 폭등으로 건설자재 가격도 급등해 2022년 상반기 수도권 아파트 착공 물량은 7만 3,564호에 불과하다. 이는 전년 동기 10만 4,788여 호 대비 70% 수준인데, 이런 상황이면 2025년 입주 물량은 다시 줄어들 가능성이 커진다.

하방 압력이 커지는 2026~2027년

앞서 살펴본 사실을 종합하면 서울 부동산 전세가는 2023~2024년 하향 안정화, 2025년 상승의 가능성이 크다. 매매가도 대체로 이 범주에서 움직일 것

〈표 2-3〉 3기 신도시 토지보상 진척률

(단위: %)

구분	2021년 4월	2022년 4월
인천 계양	57	완료
하남 교산	61	93
과천	–	76
부천 대장	–	68
남양주 왕숙	–	58

• 출처: 국토교통부

으로 예상된다. 문제는 바로 그다음이다. 이대로 가면 2026~2027년은 하방압력이 극대화될 해가 될 것으로 추정하는데, 그 이유는 크게 두 가지다.

첫째, 3기 신도시 입주다. 많은 기관과 전문가가 3기 신도시의 진행이 늦다고 말하는데, 실상은 그렇지 않다. 3기 신도시는 2019~2020년에 지구 지정을 마치고 현재 토지보상이 진행되고 있다. 2022년 4월 말 기준으로 인천 계양의 토지보상이 완료됐으며 하남 교산 93%, 과천 76%, 부천 대장 68%, 남양주 왕숙 58%의 진척률을 보이고 있다.

판교·광교·위례가 토지보상금이 지급되고 5년 뒤부터 입주를 시작했다는 사실을 고려할 때, 2021년에 이미 90%대 진척률을 보인 인천 계양과 하남 교산을 중심으로 5년 뒤인 2026년경부터 입주를 시작하는 단지들이 나올 가능성이 있다.

3기 신도시의 파괴력을 가볍게 보는 의견들도 많으나 실상은 그렇지 않다. 과거 서울 부동산의 중장기 하락장이라 하면 1991~1995년과 2010~2013년을 꼽는데, 이때가 정확히 신도시들의 입주 시점과 일치한다. 1991~1995년 하락장은 1기 신도시의 입주 시기와 겹쳤고, 2010~2013년 하락장은 2기 신도시인 판교·광교의 입주 시기와 겹쳤다. 그 이유는 간단하다. 신도시가 입주할 때쯤 되면 수도권 부동산이 상당 기간 상승해 매매가와 전세가의 괴리가 상당히 커진다(예컨대 판교가 입주를 시작하기 전 서울 아파트의 전세가율은 역대 최저 수준인 38%대였다). 따라서 전세가 대비 매매가의 버블이 최고조인 시점이며, 이때 신도시의 입주는 서울의 무주택자들에게 다양한 선택지를 제공함으로써 서울 전세 수요의 이탈을 불러와 전세가에 타격을 주게 된다. 안 그래도 전세가율이 낮은데 신도시 입주로 전세가가 추가로 타격을 받으면서 매매가도 힘을 잃게 된다(전세가가 떨어진다는 것은 갭투자의 매력을 떨어뜨리는 것뿐 아니라 주택 임대 비용도 하락한다는 의미다. 따라서 굳이 주택을 매매할 필요가 없어져 전세에서 매매로 전환하는 수요도 사라진다).

이와 같은 근거로 3기 신도시 입주는 서울 부동산에 적지 않은 여파를 가져올 것으로 보이는바, 실제 착공 여부 등 진척 상황을 눈여겨볼 필요가 있다.

둘째, 다시 늘어나는 서울 아파트 입주 물량 때문이다. 많은 사람이 간과하는데, 오세훈 서울시장이 2021년 4월 재·보궐 선거로 당선된 후 재건축·재개발 활성화로 정책 노선을 변경했다. 그 결과, 2021년 한 해에만 5만 3,662호(아파트 기준)에 이르는 인허가가 이루어졌다. 이는 역대 2위 수준의 규모인데 1위는 2017년 7만 4,984호다. 그러나 당시는 정부가 2017년 말까지 관리처분 인가를 신청하면 재건축 초과이익 환수제를 적용하지 않겠다는 당근을 제시하는 바람에 상당수의 재건축 단지가 앞뒤 보지 않고 사업 속도를 급속히 올

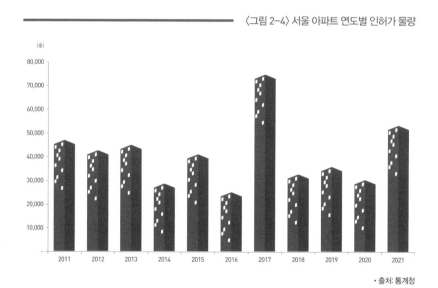

〈그림 2-4〉 서울 아파트 연도별 인허가 물량

• 출처: 통계청

55

려서 이뤄진 인허가 수준이었다. 이를 고려하면 실질적으로는 2021년의 5만 3,662호 인허가가 역대 최대 수준이라고 할 수 있다.

여기서 말하는 인허가는 사업시행인가인데, 일반적으로 사업시행인가부터 입주까지는 5~7년이 소요된다. 다시 말해 2021년에 급증한 서울 아파트 인허가 물량은 2026~2028년 입주 물량으로 돌아올 가능성이 상당히 크다. 이 시기에 3기 신도시 입주 개시가 예정돼 있는데, 서울의 늘어나는 입주 물량과 3기 신도시 입주가 맞물린다면 파괴력은 커질 수밖에 없다.

게다가 2022년 6월 1일 지방 선거에서 오세훈 서울시장이 재선에 성공했을 뿐 아니라 구청장과 시의원 중에서도 훨씬 많은 우군을 확보했기에(구청장 국민의힘 1명/더불어민주당 24명에서 국민의힘 17명/더불어민주당 8명으로, 시의원 국민의힘 7명/더불어민주당 102명에서 국민의힘 76명/더불어민주당 36명으로) 오세훈표 재건축·재개발 활성화 기조가 더욱 강화될 것으로 봐야 한다. 즉, 2021년의 역대급 인허가가 2022년 이후에도 계속될 가능성이 크다는 의미다. 3기 신도시 진척 상황뿐 아니라 서울 아파트 인허가 수준도 계속 추적해야 하는 이유다.

이런 점들을 종합해보면, 서울 부동산은 변곡점을 맞이한 후 당분간 일정 수준의 조정을 겪다가 2026~2027년에 큰 폭의 하락을 맞이할 가능성이 크다고 판단된다. 주택을 소유함으로써 갖게 되는 심리적 안정감은 정량화할 수 없는 가치이기에 주택 구입을 말리기는 쉽지 않다. 만일 기다릴 수 있는 물질적·심리적 여유가 있는 사람이라면 3기 신도시와 서울 입주가 몰리는 2026~2027년 이후를 매수 시점으로 노려보는 것도 선택지에 포함해볼 만하다.

하락장에서 특히 조심해야 할 곳

지난 하락장을 반추해보면 하락장에서 가장 많이 떨어진 곳은 전세가율이 낮은 곳이었다. 앞서 전세가는 '주택의 사용가치', 매매가는 '주택의 사용가치 + 주택의 투자가치'라고 설명했는데, 이를 달리 말하면 전세가는 주택의 실수요가 반영된 것이고 매매가는 주택의 실수요와 투자 수요가 모두 반영된 것이라고 할 수 있다. 상승장에서는 호재가 즉시 반영되면서 가격이 거침없이 상승하는 반면, 하락장에서는 투자 수요부터 감소하다 보니 주택의 사용가치(전세가)보다 투자가치(매매가)가 많이 반영된 곳이 더욱 급히 떨어지기 마련이다. 그런 연유로 지난 하락장에서도 전세가율이 낮은 지역과 재건축 아파트가 많이 하락했다.

특히 이번 상승장에서는 유동성의 힘을 빌려 입지의 가치를 고려하지 않고 전방위적으로 상승했기에 입지 경쟁력보다 오버슈팅된 곳, 즉 전세가보다 매매가가 상당히 오버슈팅돼 전세가율이 낮은 곳이 위험하다고 할 수 있다. 수영장의 물이 빠지고 나면 누가 벌거벗고 수영했는지가 드러난다는 워런 버핏의 발언은 하락장에서 입지 경쟁력이 더욱 두드러진다는 의미로 연결된다. 실수요보다 투자 수요가 많이 유입된 곳, 전세가보다 매매가의 상승폭이 두드러져 전세가율이 낮은 곳이 하락장에서 위험한 이유다.

Deep Dive

1. 멸실 물량을 고려한 순공급 물량보다
서울의 입주 물량이 유의미한 이유

서울 아파트 입주 물량이 늘어난다고 언급한 부분에 관해 해당 시기에 입주하는 재건축 단지들이 대부분 조합원 물량이라서 신규 공급 효과가 떨어진다는 지적이 있었다. 더 자세히 살펴보고자 한다.

우선 그 조합원들은 현재 '어딘가'에 살고 있으며, 재건축 아파트가 완공돼서 조합원들이 그곳으로 주거지를 옮기면 현재 살고 있는 그 '어딘가'는 비게 된다. 그리고 그 집들은 매매가 됐든 전세가 됐든 시장에 나오게 된다. 재건축 아파트의 입주 역시 '순공급' 효과가 있다는 뜻이다.

그 외에 입주 물량만을 물량 부담의 잣대로 삼을 수 없으며 멸실 물량까지 고려해야 정확한 물량 부담이 확인된다는 의견도 있다. 즉, 서울은 입주 물량이 많아도 정비사업 때문에 멸실 물량도 많아 늘 공급 부족에 시달린다는 의견이다. 그러나 이 역시 현실과 다르다. 멸실 물량(특히 서울)의 영향력은 다시 들여다볼 필요가 있다.

대부분의 재건축 단지는 시설이 너무 노후돼 조합원보다는 세입자가 거주하는 비율이 월등히 높은 데다 전세가도 주변보다 낮아서 멸실 시 주변 지역에 생각보다 큰 영향을 주지 않는다. 실제 신반포3차/경남, 개포주공1·4단지, 둔촌주공 멸실 당시 해당 단지가 속한 서초구, 강남구, 강동구의 전세가 상승률이 서울 한강 이남의 평균 전세가 상승률보다 낮았던 사실만 봐도 그렇다. 몇 안 되는 예외가 반포주공1주구 멸실이었는데, 이는 대형 평수가 많아 세입자보다 조합원 거주 비율이 높았기 때문이다.

〈표 2-4〉는 서울 아파트의 연도별 입주 물량과 멸실 물량, 순공급 물량(입주 물량 - 멸실 물량), 그리고 수급의 영향을 가장 직접적으로 받는 전세가 상승률이다. 입주 물량과 전세가 상승률, 순공급 물량과 전세가 상승률 중에서 어느 쪽의 상관관계가 더 커 보이는지 표를 자세히 봐주기를 바란다.

상식적으로는 후자, 즉 연도별 순공급 물량과 전세가 상승률의 상관관계가 커야 정상이겠으나 실상은 그렇지 않았다. 상관계수가 절댓값으로 ±0.5를 넘어가면 유의미한 상관관계가 있다고 보는데 연도별 입주 물량과 전세가 상승률의 상관계수는 -0.70, 연도별 순공급 물량과 전세가 상승률의 상관계수는 +0.13으로 놀랍게도 연도별 입주 물량과 전세가 상승률이 매우 높은 음의 상관관계가 있음이 확인됐다. 반면, 연도별 순공급 물량과 전세가 상승률은 의미를 두기 힘들 만큼 미미한 양의 상관관계가 있음이 확인됐다.

〈표 2-4〉 서울 아파트의 연도별 순공급과 전세가 상승률

(단위: 호, %)

구분	2014	2015	2016	2017	2018	2019
입주	37,396	21,905	26,744	27,940	36,698	43,106
멸실	21,955	25,271	42,579	47,534	42,414	37,675
순공급	15,441	-3,366	-15,835	-19,594	-5,716	5,431
전세가 상승률	4.9	9.6	3.1	2.1	1.6	0.0

• 출처: 부동산114

즉, 멸실 물량을 반영한 순공급 물량보다 입주 물량이 전세가에 미치는 영향이 훨씬 크다는 이야기다. 이는 곧 멸실 물량이 전세가에 미치는 영향이 생각보다 작다는 것을 의미한다. 대부분의 재건축 단지가 세입자 거주 비율이 월등히 높은 데다 전세가도 낮아서 멸실 시 주변 지역에 영향을 그다지 못 미쳤다는 것이 수치로도 확인된 셈이다. 미래 구간의 물량 부담을 분석할 때 멸실 물량을 고려하기보다는 입주 물량 위주로 이야기해야 하는 이유가 이것이다.

▌ 2. 주택구입부담지수를 중요하게 보는 이유

네이버에서는 매년 블로거들에게 해당 블로그를 방문한 사람들이 주로 어떤 검색 키워드를 타고 들어왔는지를 보여준다. 예컨대 2021년에 내 블로그의 유입 키워드 순위는 1위가 '삼토시', 2위가 '주택구입부담지수', 3위가 '@삼토시'였다. 내가 주택구입부담지수를 얼마나 중요하게 생각하고 많이 다뤄왔는지가 여기서도 드러난다.

내가 주택구입부담지수를 자주 언급하는 이유는 앞서 언급한 대로 부동산의 장기 상승을 가져온 가장 큰 이유 중 하나인 '저금리'를 지수 산출 도구에 포함하면서 소득 대비 대출 원리금 상환 부담을 통해 지역별 고평가-저평가 여부를 확인할 수 있게 해주기 때문이다. 반면, 소득 대비 집값을 나타내는 PIR은 저금리 상황을 담아내지 못하기에 주택구입부담지수보다 상대적으로 의미가 떨어지는 지표로 판단한다.

주택구입부담지수가 지역별 고평가-저평가 여부를 확인할 수 있게 해준다는 부분에 의문을 가지는 독자들도 있을 것 같아 사례를 들어 설명하고자 한다. 다음과 같은 사례들을 기반으로 나는 주택구입부담지수를 자주 언급해왔고, 앞으로도 그럴 것이다.

사례 1

2019년부터 서울뿐 아니라 광역시별 주택구입부담지수를 분기마다 확인해왔는데, 한 가지 눈에 띄는 사실이 발견됐다.

2019년 2분기의 각 지역 주택구입부담지수를 2004년 1분기부터 2019년 2분기까지의 지수 평균과 비교해봤다. 그 결과 서울 110%, 부산 99%, 대구 100%, 인천 88%, 광주 111%, 대전 90%, 울산 98%로 인천과 대전의 주택구입부담지수가 중장기 평균 대비 가장 저평가돼 있음이 확인됐다. 당시《서울 아파트 상승의 끝은 어디인가》를 집필 중이었는데, 이런 사실을 바탕으로 대전의 저평가 매력이 돋보인다는 내용을 반영했다. 그런데 책이 출간된 2019년 11월 이전에 대전이 급등을 시작해버린 슬픈 기억이 있다.

어쨌든 2019년 하반기부터 2020년 말까지 1년 반 동안 각 지역의 중위 아파트 가격 상승률은 KB부동산 기준으로 서울 13%, 부산 14%, 대구 12%, 인천 9%, 광주 3%, 울산 15%였던 데 비해 대전은 46%로 그야말로 대폭등했다. 중장기 평균 대비 대전의 주택구입부담지수 저평가가 큰 상승으로 이어진 셈이다.

사례 2

마찬가지로 2020년 4분기의 각 지역 주택구입부담지수를 2004년 1분기부터 2020년 4분기까지 지수 평균과 비교해봤다. 그 결과 서울 134%, 부산 107%, 대구 101%, 인천 82%, 광주 108%, 대전 123%, 울산 110%로 인천의 주택구입부담지수가 중장기 평균 대비 가장 저평가돼 있음이 확인됐다. 당시 나는 이 사실을 확인하고 인천이 '심각한 저평가 수준'이라는 글을 내 블로그와 여러 카페에 올렸다. 그 이후 상황은 모두 알다시피 다음과 같다.

2021년 각 지역 중위 아파트 가격 상승률은 KB부동산 기준으로 서울 14%, 부산 28%, 대구 16%, 광주 24%, 대전 20%, 울산 22% 등 큰 폭으로 올랐는데 인천은 무려 50%로 여타 지역을 압도하는 수준이었다. 지역별 주택구입부담지수를 지역별 중장기 평균과 비교했을 때 중장기 평균 대비 가장 저평가된 지역이 다른 지역보다 폭등한 모습이 또 확인된 셈이다.

사례 3

그렇다면 고평가 여부는 어떨까? 서울의 주택구입부담지수 전고점은 164 내외로 2008년 2분기와 2018년 4분기에 이 수준에 도달했으며, 그 수준에 도달하자 서울 부동산이 중장기 또는 단기 조정장에 빠진 이력이 있다고 앞서 설명했다. 즉, 주택구입부담지수 164는 서울 중위소득 가구가 서울 중위가격 주택을 구입할 때 감당할 수 있는 대출 원리금 상한선이었다. 이 지수에 도달하자 서울 부동산이 중장기 또는 단기 조정장에 빠졌기에 주택구입부담지수는 지역별 고평가 판단에도 유용하다고 할 수 있다.

그런데 2020년 4분기에는 164라는 전고점을 돌파하고 이후에도 상승을 지속해 2022년 2분기에 전고점을 40%나 웃돌았다. 이 역시 앞서 말한 대로 2020년 8월 임대차3법 시행 후 급등한 전세가가 매매가를 밀어 올린 점(갭투자 비율 급증이 이를 방증함), 2021년 집행이 시작된 3기 신도시 토지보상금이 활활 타오르는 유동성의 불에 기름을 부은 점 등이 주택구입부담지수 전고점을 뚫게 한 요소라고 할 수 있다. 세입자를 위한다는 명목의 임대차3법과 서울의 급등을 막는다는 명목의 3기 신도시가 오히려 서울 부동산의 버블을 역대 최대 수준으로 키웠다는 사실이 아이러니하다.

| 3. 고평가는 고평가다

아직까지 부동산이 고평가가 아니라고 주장하는 이들이 많은 것으로 안다. 대표적인 예가 돈이 많이 풀려서 부동산이 오를 수밖에 없다는 주장이다. 무엇이든 많이 생산되고 풀리면 그 재화의 가치는 떨어지게 마련이고, 당연히 돈도 예외는 아니다. 돈이 많이 생산(발행)돼 유통되면 돈의 가치 역시 하락하기 때문에 위험을 회피하기 위해 부동산과 같은 실물 자산에 투자하므로 부동산이 상승한다는 논리다. 맞는 말이다. 단 이 논리는 중장기적으로 부동산이 상승하는 근거는 될 수 있으나, 단기적인 향방에는 근거가 될 수 없다. 그 이유를 간략하게 설명해보고자 한다.

〈그림 2-5〉는 2014년 1월의 전국 아파트 중위 매매가와 M2 통화량을 각각 1.0으로 놓고 2022년 3분기까지의 추이를 비교한 것이다. 이 둘은 2018년 말까지 거의 비슷한 추세로 움직였는데, 2019년에 전국 아파트 중위 매매가가 M2 통화량 추세를 잠시 못 쫓아가는 상황이 발생했다. 그러다가 2020년 하반기부터 전국 아파트 중위 매매가가 M2 통화량 추세를 뛰어넘었다. 앞서 언급한 대로 임대차3법 시행에 따른 전세 유통 매물 급감으로 전세가가 급등해 매매가를 밀어 올린 결과, 주택구입부담지수가 전고점을 돌파하고 M2 통화량 추세도 뛰어넘은 시기가 바로 이때다. 여러모로 2020년 하반기는 버블이 부풀어 오른 시기였다는 것이 통화량과의 비교에서도 드러난 셈이다. 돈이

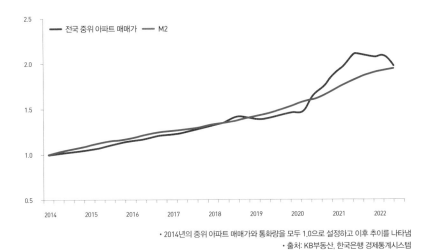

• 2014년의 중위 아파트 매매가와 통화량을 모두 1.0으로 설정하고 이후 추이를 나타냄
• 출처: KB부동산, 한국은행 경제통계시스템

많이 풀린 결과 부동산이 오른다는 것은 맞는 논리이나, 돈이 풀린 것보다 부동산이 더 올랐음을 이 그래프가 보여준다. 이는 곧 유동성 증가폭보다 부동산 상승폭이 오버슈팅됐다는 의미다.

물론 위의 그림을 보면 전국 아파트 중위 매매가가 하락하면서 M2 통화량 추이와 만나는 모습도 확인된다. 따라서 부동산이 다시 상승 전환할 가능성이 엿보인다. 그러나 한 단계 더 깊이 들어가 보자. 이번에는 M2 통화량이 아니라 'M2 가계 부문 통화량'과 비교해보고자 한다. 주택 구입의 주체가 가계여서 전체 통화량보다 가계에 풀린 통화량과 비교하는 것이 조금 더 타당한 비교라고 할 수 있기 때문이다.

〈그림 2-6〉은 전국 아파트 중위 매매가 추이와 M2 가계 부문 통화량 추이를 비교한 것이다. 전체 통화량과 비교했을 때보다 더 큰 차이가 확인된다.

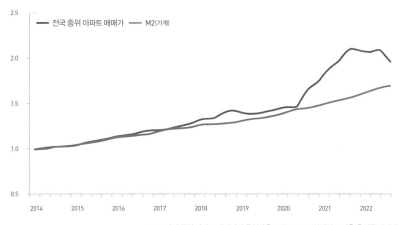

2.5

── 전국 중위 아파트 매매가 ── M2(가계)

2.0

1.5

1.0

0.5

2014 2015 2016 2017 2018 2019 2020 2021 2022

• 2014년의 중위 아파트 매매가와 통화량을 모두 1.0으로 설정하고 이후 추이를 나타냄
• 출처: KB부동산, 한국은행 경제통계시스템

2017년 말까지 전국 아파트 중위 매매가와 M2 가계 부문 통화량은 비슷한 추세로 움직였다. 그러다가 2018년 하반기에 전국 아파트 중위 매매가가 M2 가계 부문 통화량과 차이를 조금 벌리는데, 이는 2018년 4월부터 다주택자 양도세 중과로 매물이 줄어들면서 하반기에 집값이 많이 오른 탓이다. 이후 양 지표 간의 차이가 조금씩 줄어들다가 2020년 하반기부터 다시 집값이 많이 오르면서 이 둘의 차이도 벌어졌다. 매매가의 하락으로 두 지표 사이의 간극이 다소 좁혀지긴 했으나 아직도 차이는 분명히 존재한다.

결론적으로, 돈이 많이 풀려서 집값이 오르는 것은 맞으나 현재 상태는 돈이 풀린 규모보다 집값 상승폭이 훨씬 크다는 점이 확인됐다. 따라서 현재의 집값은 과잉 유동성을 고려하더라도 고평가됐다고 이야기할 수 있다.

소득도 마찬가지다. 2014년부터 2021년까지 가구 월평균 소득은 31% 증가했다(416만 원에서 544만 원으로). 상위 20% 가구 평균 소득도 37% 증가했다(785만 원에서 1,078만 원으로). 그러나 같은 기간에 전국 중위 아파트는 2배 이상 올랐다. 소득과 비교했을 때도 집값이 훨씬 많이 오른 셈이다. 2022년에 대기업 중심으로 소득이 급증했다고 하더라도 기껏해야(?) 10% 오른 정도이니 집값 상승폭에 비하면 여전히 미미한 수준이다.

유동성과 비교해봐도 소득과 비교해봐도 집값의 상승폭이 훨씬 크기에 고평가는 고평가다(참고로 이는 전국 아파트 중위 매매가와 비교한 결과이며, 서울 아파트 매매가는 더 올랐다).

▎4. 전세에서 월세로의 전환이 가져올 영향

임대차 시장에서 전세 비중이 꾸준히 축소되고 월세·반전세 비중이 커지고 있다는 이야기가 언론에서 계속 나온다. 이런 흐름이 추세라면 이 현상이 어떤 영향을 가져올지 알아볼 필요가 있다.

〈그림 2-7〉은 서울 아파트 임대차 거래 중 월세·반전세 비중을 나타낸 것이다. 화살표는 임대차3법이 시행된 2020년 8월을 가리키며, 법 시행 이전까지는 25~30%를 넘나들던 월세·반전세 비중이 법 시행 이후 35%를 돌파하더니 이내 40% 선까지 올라갔음을 확인할 수 있다.

금리가 낮아 전세금을 받아서 은행에 예치하더라도 이자 수익을 기대하기 힘든 상황과 다주택자에 대한 중과세로 세입자에게 과세를 전가한 것이 겹치면서 월세로의 전환이 필연이 돼가고 있다. 이런 상황이 다음과 같은 영향을 미칠 것으로 예상된다.

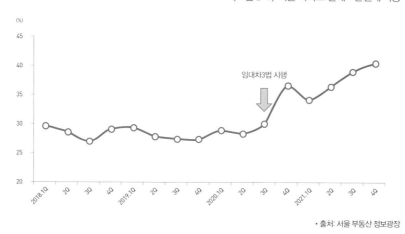

• 출처: 서울 부동산 정보광장

첫째는 전세에서 월세로 임대차 시장이 전환되면 전세보증금 자체는 점차 줄어들 가능성이 커지는데, 이 경우 최근 서울 부동산을 지탱해온 전세가 자체가 하락(월세는 상승)하면서 갭투자 비율도 낮아질 가능성이 크다는 점이다. 그리고 둘째는 월세 비중이 증가하면 임차인의 주거비 부담이 증가해 내 집 마련이 어려워지면서 계층 사다리가 사라진다는 점이다.

즉, 월세 비중 증가는 전세 자금을 레버리지로 하는 주택 투자(갭투자) 감소, 미래 주택 구매 수요가 되는 임차인의 자본 축적 능력 감소를 초래하면서 갭투자에 일정 부분 기대고 있는 현재의 서울 부동산 매매가에 하방 압력을 줄 것으로 보인다.

물론 월세 비중이 커지면서 월세를 내기 싫어서 자가를 매입하겠다는 수요가 많아진다면 집값 상승의 요인으로 작용할 수도 있다. 하지만 앞서 언급한 KB-HOI(주택구입잠재력지수)에 따르면, 서울 중위소득 가구가 표준대출을 받아 구입할 수 있는 서울 아파트의 비율이 2022년 2분기 기준 2.8%로 역대 최저치를 경신할 만큼 집값이 많이 올라 자가 매입 수요가 대폭 줄었다는 것이다. 정확히는 현재 수준에서 자가를 매입할 능력이 되는 수요층이 많이 감소했다는 점이 문제다. 서울 아파트 수요가 많다고는 하지만, 가격이 가계가 수용할 수 없는 수준을 넘어서면 수요층의 이탈이 발생하기 마련이다. 현재가 그런 상황으로, 결국 전세에서 월세·반전세로의 전환은 서울 부동산 매매가를 끌어내릴 또 하나의 이유가 될 가능성이 커 보인다.

▎ 5. 규제 완화 영향은?

정부는 2022년 10월 27일 오후 열린 '제11차 비상경제민생회의'에서 부동산 규제를 일부 완화할 계획을 내비쳤다. 그동안 금지해왔던 15억 원 이상 주택담보대출 허용, 규제 지역의 무주택자와 1주택자 LTV 완화, 규제 지역 추가 해제, 중도금 대출 상한선 상향 조정(9억 원에서 12억 원으로), 청약 당첨자 기존 주택 처분기한 연장(6개월에서 2년으로) 등이 주요 골자다. 그리고 2022년 11월 9일 제4차 주거정책심의위원회를 열어 서울, 과천, 성남(분당·수정), 광명을 제외한 전 지역을 부동산 규제 지역에서 해제했다.

결론적으로 이러한 규제 완화로도 시장의 하락 추세를 돌려놓기에는 역부족으로 보인다. 우선 15억 원 이상 주택담보대출 허용에 관해서는 다주택자 취득세 중과로 15억 원을 초과하는 주택의 매수층은 무주택자 또는 갈아타기 1주택자의 비중이 절대적일 것으로 보인다. 하지만 DSR 규제가 유지되고 있어 고소득자를 제외하고는 대출이 어려운 건 여전할뿐더러 갈아타기를 시도

하려 해도 15억 원 이하의 주택 매도 물량을 받아줄 수요층은 여전히 적어 선매도 후매수가 쉽지 않다.

중도금 대출 제한선 상향 조정도 고가 단지 분양에는 호재지만 미분양 감소 효과만 있을 뿐, 얼어붙은 매수 심리를 회복하기에는 역부족이다. 청약 당첨자 기존 주택 처분기한 연장도 급매물을 다소 줄일 수는 있으나 현재의 하락장이 매물의 많고 적음 때문이 아니라 수요가 줄어들었기 때문이라는 점을 상기한다면 역시 시장이 반등하기에는 부족한 재료다.

규제 지역 해제도 마찬가지다. 규제 지역에서 해제되면 LTV 규제가 완화되고 다주택자의 주택담보대출이 허용되며 주택분양권 전매 제한 기간도 줄어든다. 그러나 DSR 규제가 여전한 데다 현재의 집값이 펀더멘털과 괴리가 있고 금리 인상으로 대출을 일으키기가 쉽지 않기 때문에 부동산 시장의 추세를 반전할 만한 유효 수요는 여전히 증가하기 어렵다.

다주택자 취득세 중과 해제가 된다면 시장이 다시 상승 추세로 전환될 거라는 의견들도 많으나 실제 그렇게 될지는 미지수다. 앞서 1장에서도 언급했듯이 다주택자가 늘어난 해보다 1주택자가 늘어난 해의 상승폭이 훨씬 컸는데, 이는 결국 시장 상승의 원동력은 투자 수요보다 실수요라는 이야기가 된다. 그런데 현재의 집값과 금리 상황으로는 실수요층이 매수할 재고 주택 자체가 절대적으로 부족하다는 것이 KB-HOI 지수에서 설명된다. 즉, 실수요가 진입하기에는 집값과 금리의 하락이 절대적으로 필요한 상황이다. 따라서 다주택자 취득세 중과 해제로 시장의 반등이 일어날 수는 있으나 실수요가 따라붙지 못하는 반등이 될 가능성이 크기 때문에 데드 캣 바운스(주식 용어로 주가가 급락 후 소폭 회복된 것을 의미) 수준에 그칠 것으로 예상된다. 결국 일정 기간, 일정 폭의 하락장은 불가피하다는 생각이다.

3

광역시별
상황 및
투자 적기 진단

네 가지 지표로 살펴보는 광역시 부동산 시장 펀더멘털

이전 책에서 지역별 GRDP(지역내총생산) 및 10억 원 이상 금융자산 보유자 비교 등을 통해 서울과 광역시 부동산의 디커플링이 심화돼 가격 차이가 커질수록 이를 되돌려놓는 시장의 구심력이 작동할 것이라는 이야기를 한 적이 있다. 그렇다면 현재 상황은 어떤지 한번 업데이트해보자.

GRDP란 일정 기간 일정 지역 내에서 새로이 창출된 최종생산물 가치의 합을 나타낸다. 즉, 각 시도 내에서 경제활동별로 얼마만큼의 부가가치가 발생했는가를 나타내는 경제지표다. GDP(국내총생산)의 지역별 버전이라고 보면 된다.

서울 대비 6대 광역시의 GRDP 비중 추이를 2010년부터 2020년까지 확인해봤다. 2010년 92.5%에서 2015년 97.1%까지 오르더니, 이후 줄곧 내리막길을 걸어 2020년은 89.5%로 내려앉았다. 서울과 6대 광역시 경제활동 규모의 차이가 점차 확대되고 있다는 의미다. 이렇게 보면 결국 광역시보다는 서울을 택하는 게 옳다는 결론으로 이어진다. 그러나 한 꺼풀 더 벗겨보면 이야기가 달라진다.

서울보다 6대 광역시의 GRDP 비중이 많이 하락한 것은 바로 '울산'의 GRDP 비중이 대폭 줄었기 때문이다. 서울 대비 울산의 GRDP 비중은 2010년 19.5%였으나 2020년에는 15.6%까지 하락했다. 서울 대비 6대 광역시의 GRDP 비중이 10년간 3.0%p 하락했는데(92.5%에서 89.5%로), 울산이 3.9%p 하락했다는 점을 고려하면(19.5%에서 15.6%로), 나머지 광역시들은 되려 선방했다는 결론이 나온다. 서울과 (울산을 제외한) 광역시의 GRDP 비중 차이가 크게 벌어지지 않은 상황에서 집값만 크게 차이 난다면 서울 고평가, 광역시 저평가라는 결론이다. 이는 광역시가 초과 상승할 시기가 오리라는 의미다.

앞에서 GRDP라는 포괄적인 개념을 통해 광역시의 경제 규모가 서울에 크게 밀리지 않는다는 사실을 알아봤다. 이제 부동산과 관련된 좀 더 다양한 분석 툴을 가지고 광역시별 펀더멘털과 전망을 따져보자.

본격적으로 광역시별 펀더멘털과 전망을 논하기에 앞서 한 가지 재미있는 사실을 짚고 넘어가고자 한다. 나는 지역별로 물량 부담이 어떻게 작용하는지 알아보기 위해 서울과 광역시의 매매가와 전세가가 함께 움직이는 달이 얼마나 되는지를 알아봤다. 즉, 매매가와 전세가가 함께 오르거나 함께 떨어지는 달이 얼마나 되는지를 알아본 셈이다. 결과는 나름의 의미가 있었다.

2011년 1월부터 2021년 12월까지 132개월 동안 매매가와 전세가의 방향이 일치했던 달은 대구 126개월, 부산 121개월, 광주 119개월, 울산 111개월, 대전 108개월, 서울 100개월, 인천 95개월 순이었다. 즉, 수도권(서울, 인천)보다 지방 광역시는 매매가와 전세가의 방향이 일치할 확률이 상당히 높았다. 이것이 의미하는 바는 명확하다. 보통 전세가는 입주 물량의 영향을 가장 크게 받는데, 지방 광역시는 입주 물량이 전세가를 넘어 매매가에도 크게 영향을 미쳐왔다는 뜻이다.

실제 아파트 입주 물량과 전세가 상승률 간 상관계수는 서울 +0.16, 인천 -0.32, 부산 -0.66, 대구 -0.69, 광주 -0.43, 대전 +0.47, 울산 -0.79로 나타났다. 그리고 아파트 입주 물량과 매매가 상승률 간 상관계수는 서울 +0.56, 인천 -0.64, 부산 -0.62, 대구 -0.54, 광주 -0.44, 대전 +0.61, 울산 -0.76으로 나타났다. 부산, 대구, 광주, 울산은 입주 물량과 매매가·전세가 상승률 간에 깊은 음의 상관관계가 있었다. 즉, 입주 물량이 많으면 매매가와 전세가가 떨어지는 경우가 많았고, 입주 물량이 적으면 매매가와 전세가가 오르는 경우가 많았다는 이야기다. 지방 광역시 중에서 대전이 유일한 예외인데, 세종시 입주 여파를 받아 수급이 틀어진 영향이 크다. 세종시 입주가 완료됐으니 앞으로는 대전도 다른 지방 광역시처럼 입주 물량의 영향을 받을 가능성이 대단히 크다고 하겠다.

그렇다면 광역시별 현재 펀더멘털은 서울과 마찬가지로 주택구입부담지수와 전세가율로 판단하고, 전망에 관해서는 단기 구간은 착공 물량, 중장기 구간은 인허가 물량으로 판단해도 무방하다는 결론이 선다. 이 네 가지 지표를 통해 광역시 아파트 시장을 살펴보자.

주택구입부담지수

부산의 현재 펀더멘털을 알아보기 위해 주택구입부담지수를 확인해보자. 〈그림 3-1〉이 2004년 1분기부터 2022년 2분기까지의 부산 주택구입부담지수를 보여준다. 2022년 2분기 기준 주택구입부담지수는 99.5로 18년간 평균 62.3 대비 160%이며, 전고점인 2017년 3분기 84.6 대비 118% 수준이다.

그림에서 보다시피 2020년 3분기까지는 중장기 평균을 밑도는 저평가 상황이었으나, 2020년 4분기 이후 매매가 급등으로 중장기 평균을 단숨에 돌파하더니 2022년 들어서는 금리 인상까지 겹쳐 전고점을 훌쩍 넘어버렸다. 2022년 2분기 지수가 중장기 평균 대비 60% 초과했고 전고점도 18% 초과한 상태이기 때문에 사실상 버블의 정점에 도달했다고 판단된다.

〈그림 3-1〉 부산 주택구입부담지수 추이

• 출처: 주택금융연구원

전세가율

앞서 전세가율의 중요성을 설명한 바 있다. 매매가에서 전세가가 차지하는 비중을 나타내는 전세가율은 전세가(사용가치) 대비 매매가(투자가치)에 끼어 있는 거품의 크기를 나타낸다고 했다. 그렇다면 부산의 전세가율은 어느 상태일까?

2022년 9월 기준 부산의 전세가율은 61.7%인데 이는 과거 20년간 평균 67.4% 대비 92% 수준이다(그림 3-2). 광역시는 대체로 서울보다 전세가율이 높은데, 부산의 전세가율은 과거 평균 대비 낮은 수준이라 주택구입부담지수를 보든 전세가율을 보든 매매가가 고평가된 상황임은 부인할 수 없어 보인다.

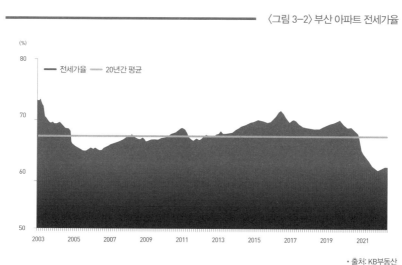

〈그림 3-2〉 부산 아파트 전세가율

• 출처: KB부동산

착공 물량

착공·인허가 물량은 어떨까? 착공 물량은 향후 2~3년 내 입주 부담으로 이어

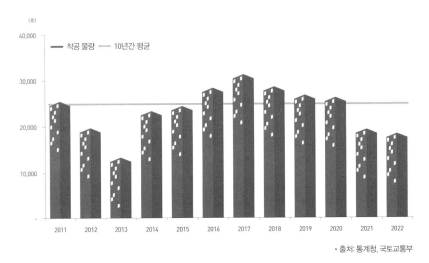

(호)

40,000

— 착공 물량 — 10년간 평균

30,000

20,000

10,000

2011 2012 2013 2014 2015 2016 2017 2018 2019 2020 2021 2022

• 출처: 통계청, 국토교통부

지므로 단기 물량 부담을 평가하기에 적합하다. 그리고 인허가 물량으로는 앞으로 2~3년보다 더 뒤쪽 구간의 물량 부담을 추정할 수 있다.

2011년부터 2020년까지 10년간 연평균 착공 물량은 2만 4,957호였다 (그림 3-3). 최근 착공 물량은 2020년 2만 6,703호, 2021년 1만 9,679호로 감소 추세다. 그리고 2022년은 9월까지만 착공 물량이 확인돼 이를 연간으로 환산해서 2022년 연간 예상 물량으로 잡았다. 이 경우 2022년 예상 착공 물량은 1만 7,956호로 감소 추세가 지속되고 있는 것으로 나타나는데, 이는 2024~2025년의 입주 물량이 감소할 가능성이 크다는 뜻이다.

인허가 물량

이번에는 인허가 물량이다. 〈그림 3-4〉를 보면 2011년부터 2020년까지 10

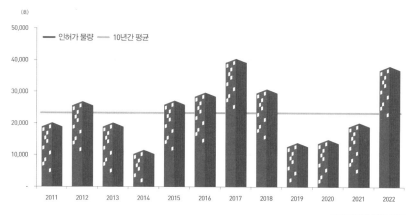

(호)

인허가 물량　　10년간 평균

• 출처: 통계청, 국토교통부

년간 연평균 인허가 물량은 2만 3,503호였는데, 2019~2020년에 인허가 물량이 급감했음을 알 수 있다. 이것이 2021~2022년의 착공 감소로 이어진 것으로 보인다. 2021년의 인허가 물량도 평균보다는 적기 때문에 2023년의 착공 물량도 그리 크지 않으리라고 전망해볼 때, 2024~2026년의 입주 물량이 적을 것으로 예상할 수 있다. 그러나 2019년을 저점으로 인허가 물량이 다시 증가하는 추세도 간과해서는 안 된다. 특히 2022년 9월까지의 인허가 물량을 연간으로 환산해보면 무려 3만 8,717호에 이른다. 이 추세대로라면 2027년 이후 부산에 과공급 구간이 다시 올 가능성이 크다.

　그러므로 집값이 어느 정도 조정돼 고평가 국면이 해소된다면 2024~2026년의 입주 물량 감소 직전이 좋은 진입 시기가 될 수 있다는 생각이다. 다만 2027년 이후 다시 입주 물량이 늘어날 가능성이 있기 때문에 출구 전략을 세울 때도 이 점을 고려해야 한다.

결론

부산은 주택구입부담지수와 전세가율로 볼 때 현재 펀더멘털 대비 고평가된 상황이고 향후 입주 물량도 적지 않은 수준이므로 매수하기에 좋은 시점은 아니다. 결국 2024~2026년 공급 감소 시기의 대응이 중요한데, 그 전까지 시장이 일정 수준 조정을 겪는다면 매력적인 매수 기회를 제공할 것으로 본다.

대구: 입주 물량 부담 지속 전망, 조정 후 저평가 국면

주택구입부담지수

〈그림 3-5〉는 2004년 1분기부터 2022년 2분기까지 대구 주택구입부담지수를 보여준다. 2022년 2분기 기준 주택구입부담지수는 80.1로 18년간 평균 62 대비 129%이며, 전고점인 2015년 2분기 76.2 대비 105% 수준이다.

〈그림 3-5〉 대구 주택구입부담지수 추이

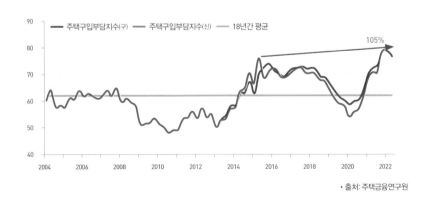

• 출처: 주택금융연구원

2022년 2분기 지수가 중장기 평균 대비 29% 초과했고 전고점도 5% 초과한 상태이기 때문에 부산보다는 저평가돼 있지만 과거보다 고평가됐다는 점은 부인하기 어렵다.

전세가율

2022년 9월 기준 대구의 전세가율은 70.1%로 과거 20년간 평균 71.1% 대비 99% 수준이다(그림 3-6). 즉, 과거 평균과 거의 유사한 수준이라고 할 수 있다. 대구는 주택구입부담지수가 전고점을 넘어선 만큼 고평가 단계이나, 전세가도 많이 올라서 전세가율 자체는 과거 평균과 유사하다. 그러나 입주 물량의 과잉 공급이 계속되고 있어 전세가율 자체도 하락할 가능성이 커 보이므로 조정이 지속될 것으로 예상된다.

〈그림 3-6〉 대구 아파트 전세가율

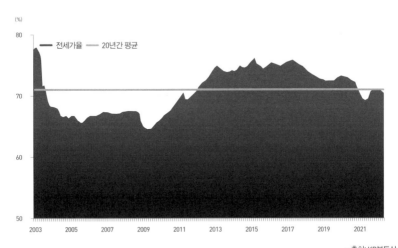

• 출처: KB부동산

착공 물량

역시 문제는 물량 부담이다. 〈그림 3-7〉에서 볼 수 있듯이, 2011~2020년 연평균 착공 물량이 1만 8,665호다. 그에 비하면 2019년 2만 7,164호, 2020년 3만 5,905호, 2021년 2만 9,397호의 착공 물량은 단기적으로 상당한 부담이다. 그나마 2022년 착공 예상 물량이 1만 6,313호로 대폭 감소한 점은 위안 거리라고 생각할 수 있지만, 문제는 그리 간단치 않다.

〈그림 3-7〉 대구 아파트 착공 물량

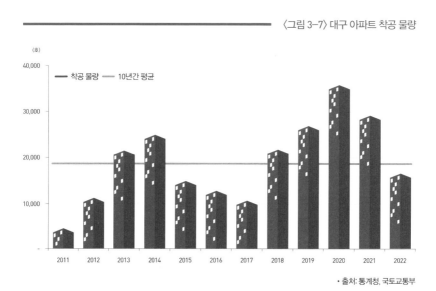

• 출처: 통계청, 국토교통부

인허가 물량

〈그림 3-8〉에서 볼 수 있듯이, 2011~2020년 연평균 인허가 물량이 2만 1,103호인데 2017년 이후 줄곧 평균을 넘어서는 인허가가 이루어지고 있다.

이는 중장기적으로 큰 부담이다. 특히 2018년을 정점으로 인허가가 감소 추세라고 봤으나, 2022년 인허가 예상 물량이 3만 호를 넘어 단기뿐 아니라 중장기 물량 부담이 만만치 않을 것으로 보인다. 다만 막대한 물량 부담은 향후 집값 조정을 지속시킬 가능성이 크고, 이는 다시 대구 집값의 저평가 상황을 불러올 것이다. 따라서 공급이 언제부터 감소하는지 꾸준히 확인해야 한다.

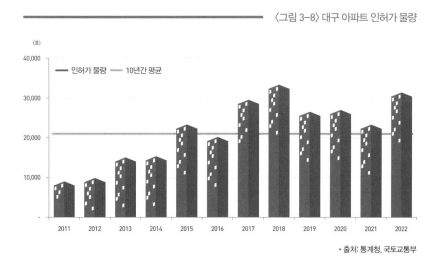

〈그림 3-8〉 대구 아파트 인허가 물량

• 출처: 통계청, 국토교통부

결론

입주 물량 여파로 조정을 겪고 있으나 주택구입부담지수는 여전히 전고점을 웃돌아 집값이 고평가된 상황이다. 앞으로도 입주 물량이 대량 공급될 가능성이 커서 시장이 상승으로 전환되기는 쉽지 않아 보인다. 조정이 길어질수록 새로이 저평가 국면을 맞이할 수 있으므로 주택구입부담지수 추이를 잘 살펴보자.

주택구입부담지수

인천의 주택구입부담지수는 어떨까? 2022년 2분기 기준 주택구입부담지수는 104로 과거 18년간 평균인 66 대비 158%이며 전고점인 2008년 3분기 90.6 대비 115% 수준이다(그림 3-9). 2020년만 해도 다른 광역시 대비 월등히 저평가됐음이 주택구입부담지수로 확인돼 당시 '인천이 심각한 저평가 수준'이라고 블로그와 카페를 통해서도 알린 바 있는데, 2020년 하반기부터 매매가가 계속 급등하면서 주택구입부담지수도 그야말로 급상승을 거듭했다.

2022년 2분기 지수가 중장기 평균보다 58% 초과했고 전고점도 15% 초과한 상태여서 부산과 마찬가지로 버블의 정점에 있는 수준으로 판단된다. 부산과 마찬가지로 급등이 지속되면서 2020년의 저평가 국면은 완전히 해소됐다.

〈그림 3-9〉 인천 주택구입부담지수 추이

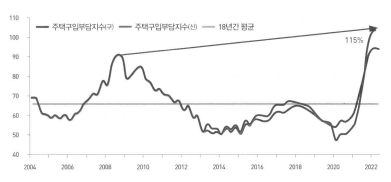

• 출처: 주택금융연구원

전세가율

2022년 9월 기준 인천의 전세가율은 66.2%로 과거 20년간 평균 60.7% 대비 109% 수준이다(그림 3-10). 굉장히 독특한 상황이다. 주택구입부담지수는 전고점을 훌쩍 넘었는데 전세가율은 과거 평균 대비 꽤 높은 수준이다. 물론 고점(2017년 6월 77.1%)에 비하면 내려온 건 맞으나 여전히 과거 평균보다 높다는 사실이 눈에 띈다.

과거보다 매매가도 많이 올랐지만 전세가는 그 이상으로 올랐다고 판단할 수 있다. 따라서 인천은 주택구입부담지수 전고점을 넘어선 수준만 보면 부산과 별 차이가 없는 고평가 수준이나, 전세가율로 보면 부산보다 저평가돼 있다고 할 수 있다. 즉, 현재 집값은 고평가된 건 맞지만 부산보다는 저평가됐다고 판단한다.

〈그림 3-10〉 인천 아파트 전세가율

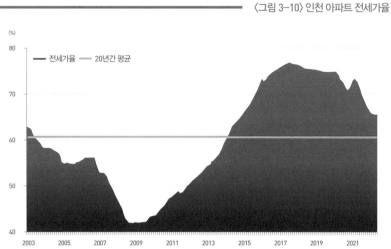

• 출처: KB부동산

착공 물량

물량 측면에서는 2011~2020년 연평균 착공 물량이 1만 7,609호인데 2019년에는 4만 518호, 2020년에는 3만 6,285호, 2021년에는 3만 3,268호로 물량이 컸다(그림 3-11). 2022년까지도 착공 물량이 감소세를 보이긴 하지만 워낙 절대적인 물량 자체가 커서 단기적인 부담이 적지 않다. 인구가 3배가량 차이 나는 서울과 인천의 착공 물량이 비슷하다면 인천의 착공 물량이 얼마나 큰지 가늠할 수 있을 것이다.

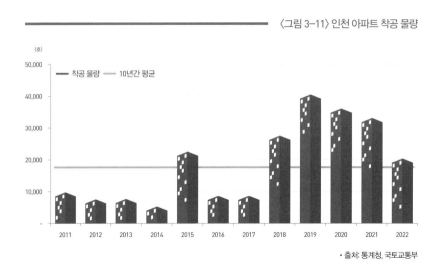

〈그림 3-11〉 인천 아파트 착공 물량

• 출처: 통계청, 국토교통부

인허가 물량

2011~2020년 연평균 인허가 물량이 2만 2,515호다. 그런데 2018년 3만 4,538호, 2019년 3만 9,274호의 인허가는 매우 부담스러운 수준이다. 다만

2019년을 기점으로 2020년 2만 4,805호, 2021년 1만 7,569호로 인허가가 감소했고 2022년 환산 인허가 물량도 1만 1,103호에 불과하다. 이 추세가 이어진다면 중장기 물량 부담은 크게 완화될 것으로 보인다.

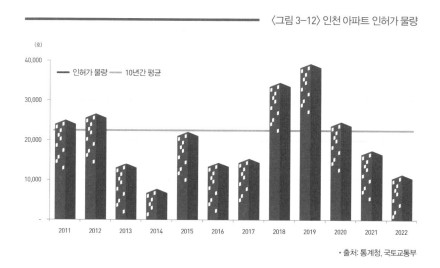

〈그림 3–12〉 인천 아파트 인허가 물량

· 출처: 통계청, 국토교통부

결론

인천은 주택구입부담지수 자체는 전고점 대비 상당히 높지만 전세가율이 매매가를 지탱해주는 상황이라고 볼 수 있다. 그러나 2019~2021년의 막대한 착공 물량이 2022~2024년에 상당한 물량 부담으로 작용할 것으로 보이며, 이로 인해 전세가율도 적지 않은 하방 압력을 받을 것으로 예상된다.

인천은 2023년부터 착공 물량이 중장기 평균 이하로 감소할 것으로 예상되는바, 2026년 이후가 돼야 공급이 감소할 것으로 전망된다.

거꾸로 말하면 막대한 입주 물량 부담으로 겪게 될 조정이 점차 인천의 저평가 상황을 초래할 것이므로, 2026년 이후로 예상되는 입주 물량 감소 시점을 눈여겨볼 필요가 있다.

광주: 현재는 고평가, 2024년 이후 장기간 공급 부족 가능성

주택구입부담지수

광주의 2022년 2분기 기준 주택구입부담지수는 68.1로 과거 18년간 평균인 42 대비 162%이며 전고점인 2017년 3분기 51.6 대비 132% 수준이다(그림 3-13). 2022년 2분기 지수가 중장기 평균 대비 62% 초과했고 전고점도 32% 초과한 상태이기 때문에 부산보다 더 고평가된 수준이라고 판단된다.

〈그림 3-13〉 광주 주택구입부담지수 추이

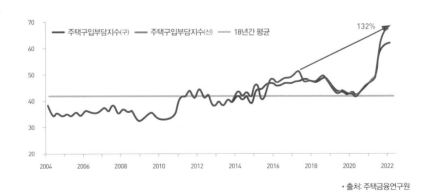

• 출처: 주택금융연구원

전세가율

2022년 9월 기준 광주의 전세가율은 67%로 과거 20년간 평균 74.3% 대비 90% 수준이다(그림 3-14). 중장기 평균 대비 현재 전세가율 측면에서는 부산 과 더불어 광주가 가장 낮다고 할 수 있다. 주택구입부담지수가 전고점을 넘 어선 수준도 대전 다음으로 큰 곳이 광주인데, 전세가율도 과거 평균 대비 가 장 낮다는 것은 그만큼 현재의 광주가 그간의 급등으로 고평가됐음을 알게 해 준다. 현재로서는 모든 광역시가 매수를 추천하기 어려운 수준이나 광주는 특 히 펀더멘털을 많이 초과한 상태라 더더욱 조심할 필요가 있다는 생각이다.

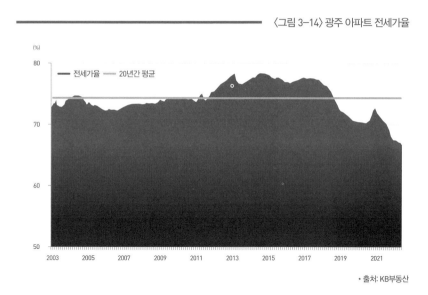

〈그림 3-14〉 광주 아파트 전세가율

• 출처: KB부동산

착공 물량

물량 측면에서는 2011~2020년 연평균 착공 물량이 1만 1,696호인 데 비해 2019년 1만 4,206호, 2020년 1만 405호가 착공돼 평균 수준을 유지하고 있다(그림 3-15). 단, 2021년 착공 물량이 6,596호, 2022년 예상 착공 물량은 6,033호로 2024년 이후 공급이 대폭 줄어들 전망이다. 그런데 물량 관련 광주의 호재는 이뿐만이 아니다.

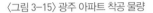

〈그림 3-15〉 광주 아파트 착공 물량

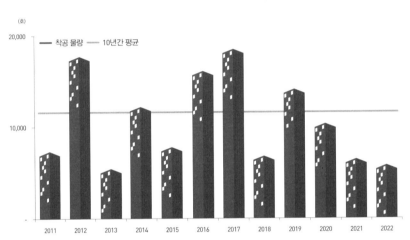

· 출처: 통계청, 국토교통부

인허가 물량

2011~2020년 연평균 인허가 물량은 1만 3,692호다. 2018년 1만 3,049호, 2019년 1만 7,671호로 평균과 큰 차이가 없다(그림 3-16). 그런데 2020년 8,739호, 2021년 4,182호 인허가에 이어 2022년 예상 물량도 7,549호에 불과해 인허가의 급감이 눈에 띈다. 특히 부산은 2022년 들어 인허가가 많이 늘

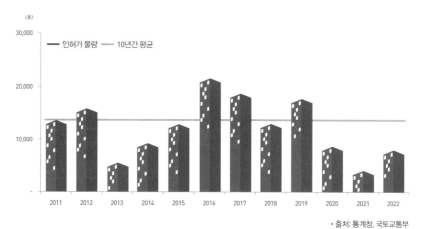

〈그림 3-16〉 광주 아파트 인허가 물량

• 출처: 통계청, 국토교통부

었지만 광주는 여전히 적다는 점은 광주의 공급 부족 시기가 2023~2024년 이후에도 상당 기간 진행될 가능성이 크다는 이야기가 된다. 따라서 인허가 물량 추이를 확인하는 것이 더욱 중요하다.

결론

광주는 주택구입부담지수를 보든 전세가율을 보든 현재 펀더멘털 대비 상당 부분 오버슈팅됐음을 확인할 수 있다. 따라서 당분간 매수는 위험한 상황이다. 그러나 2024년 이후 상당 기간 공급 부족이 예상되므로, 2023년까지 적당한 조정장을 겪는다면 그때 진입하는 것은 굉장히 좋은 선택이 될 것으로 보인다. 다만 현재의 밸류에이션은 펀더멘털상 고평가된 부분이 있으므로, 조정장을 겪지 않는다면 2024년 이전 진입을 추천하지 않는다. 진입을 위해서는 반드시 당분간 조정장을 겪어야 한다.

주택구입부담지수

대전의 2022년 2분기 기준 주택구입부담지수는 95.2로 과거 18년간 평균인 57.3 대비 166%이며 전고점인 2011년 4분기 63.7 대비 150% 수준이다(그림 3-17). 2022년 2분기 지수가 중장기 평균 대비 66%나 초과했고 전고점도 50% 초과한 상태이기 때문에 광역시 중에 가장 고평가돼 있다는 점을 주시해야 한다.

〈그림 3-17〉 대전 주택구입부담지수 추이

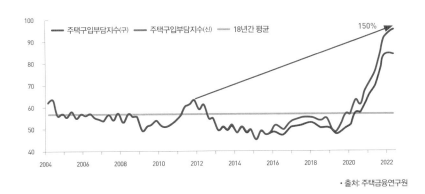

• 출처: 주택금융연구원

전세가율

2022년 9월 기준 대전의 전세가율은 66.1%로 과거 20년간 평균 66.8% 대비 99% 수준이다(그림 3-18). 대구와 마찬가지로 과거 평균과 유사한 수준이

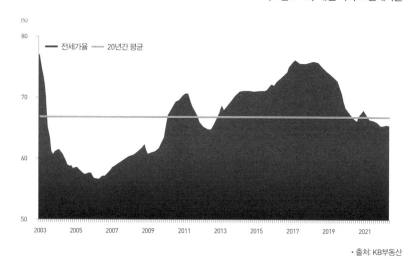

(%)

전세가율 ── 20년간 평균

• 출처: KB부동산

다. 대전의 주택구입부담지수는 광역시 중 가장 높은 수준으로 상당히 위험한 상황이라고 할 수 있는데, 전세가율은 상대적으로 안정적인 모습이 이채롭다. 그동안 전세가가 많이 올랐음을 부인할 수 없는데, 그렇다고는 하나 주택구입 부담지수 자체가 너무 높기 때문에 위험하다는 사실에는 변함이 없다.

착공 물량

물량 측면에서는 2011~2020년 연평균 착공 물량이 8,118호인데 2019년 1만 451호, 2020년 8,917호가 착공돼 평균과 큰 차이가 없다(그림 3-19). 다만 2021년 1만 9,894호라는 착공 물량이 단기적인 물량 부담을 가중한다. 그런데 2022년은 예상 착공 물량이 5,585호에 불과해 전망을 어렵게 하는 부분이 있다. 일단 2021년과 2022년을 합쳐서 평균을 내면 연간 1만 3,000호 수

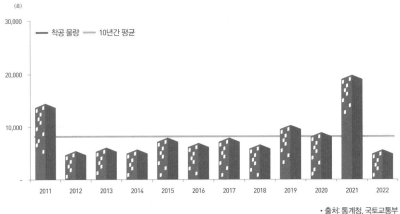

• 출처: 통계청, 국토교통부

준이므로 평균보다 많다는 점은 유념할 필요가 있겠다. 그런데 문제는 착공 물량이 아니다.

인허가 물량

2011~2020년 연평균 인허가 물량은 9,199호인 데 비해 2019년 1만 6,801호, 2020년 1만 5,760호, 2021년 1만 2,243호로 인허가 물량이 적지 않다(그림 3-20). 그런데 이보다 큰 문제는 바로 2022년이다. 2022년 예상 인허가 물량이 2만 3,040호에 달해 중장기적으로 과잉 공급이 예상되므로 주의를 요한다.

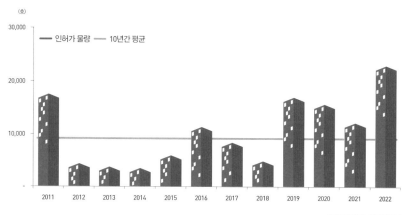

(호)

인허가 물량 — 10년간 평균

• 출처: 통계청, 국토교통부

결론

대전의 주택구입부담지수는 다른 광역시보다 월등히 높은 수준이라 매매가가 버티기 힘들 것으로 판단된다. 큰 폭의 하락 가능성도 배제할 수 없는 상황이다. 이렇게 고평가된 밸류에이션상에서 2021년 2만 호에 육박하는 착공 물량은 아무래도 부담스럽다. 2022년 착공 물량이 적다는 점이 위안거리이지만, 2019~2022년의 인허가 물량이 많기 때문에 착공 물량이 언제 늘어날지 모른다는 리스크가 있다. 대전은 어느 정도 조정장을 겪고 착공 물량도 감소하기 전까지는 진입 시기를 가늠하기 힘들다.

울산: 상대적으로 저평가된 광역시

주택구입부담지수

울산의 2022년 2분기 기준 주택구입부담지수는 66.5로 과거 18년간 평균인 47.5 대비 140%이며 전고점인 2017년 2분기 65.7 대비 101% 수준이다(그림 3-21). 2022년 2분기 지수가 중장기 평균 대비 40% 초과했고 전고점도 소폭이나마 초과했다. 전고점 대비 초과 수준이 광역시 중에서는 가장 낮다고 할 수 있으나, 어찌 됐든 전고점을 초과했기 때문에 집값이 고평가됐다고 할 수 있다.

〈그림 3-21〉 울산 주택구입부담지수 추이

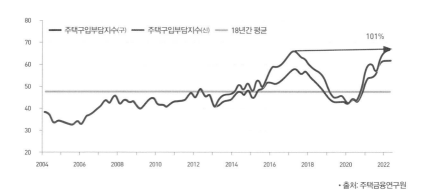

• 출처: 주택금융연구원

전세가율

2022년 9월 기준 울산의 전세가율은 74.4%로 과거 20년간 평균 71.3% 대비 104% 수준이다(그림 3-22). 주택구입부담지수도 광역시 중에서 유일하게 전고점 대비 낮은 데다 전세가율도 평균보다 높아서 현재 울산이 가장 저평가 됐다는 사실은 변함이 없다.

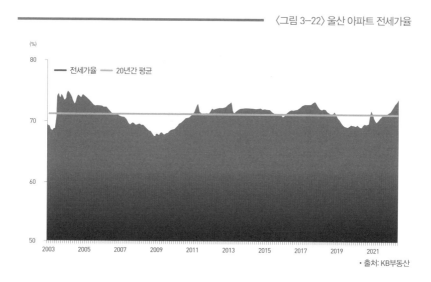

〈그림 3-22〉 울산 아파트 전세가율

• 출처: KB부동산

착공 물량

물량 측면에서는 2011~2020년 연평균 착공 물량이 7,341호이고 2019년 4,900호, 2020년 7,846호, 2021년 6,016호가 착공돼 물량 부담은 예년 수준이다(그림 3-23). 2022년 예상 착공 물량도 6,008호로 부담이 적다. 다른 광역시와 비교했을 때 상대적으로 물량 부담이 크지 않은 셈이다.

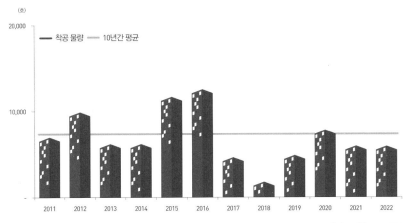

〈그림 3-23〉 울산 아파트 착공 물량

• 출처: 통계청, 국토교통부

인허가 물량

2011~2020년 연평균 인허가 물량이 8,681호인데 2019년 5,295호, 2020년

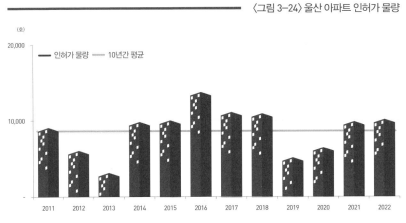

〈그림 3-24〉 울산 아파트 인허가 물량

• 출처: 통계청, 국토교통부

6,557호, 2021년 1만 19호, 2022년 1만 1,783호(예상)로 증가 추세라는 점은 다소 부담스럽다(그림 3-24). 그러나 아직 평균과 큰 차이가 나는 것은 아니므로 울산의 중장기 물량 부담이 다른 광역시보다 월등히 크다고는 볼 수 없다.

결론

울산은 주택구입부담지수와 전세가율 수준을 볼 때 6대 광역시 중에서 가장 저평가돼 있지만, 그렇다고 지금이 매수 적기라는 의미는 아니다. 상대적으로 저평가됐다는 이야기일 뿐 절대적으로 저평가됐다는 것은 아니기 때문이다. 그런 측면에서 울산이 현재 보여주는 상대적 저평가는 가치가 다소 희석되는 측면이 없지 않다. 그러나 향후 물량 부담이 적다는 점은 무시할 수 없는 장점이기에 울산도 계속 눈여겨봐야 할 곳이라는 점에는 틀림이 없다.

현금 부자가 많은 광역시는?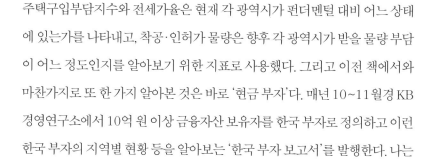

주택구입부담지수와 전세가율은 현재 각 광역시가 펀더멘털 대비 어느 상태에 있는가를 나타내고, 착공·인허가 물량은 향후 각 광역시가 받을 물량 부담이 어느 정도인지를 알아보기 위한 지표로 사용했다. 그리고 이전 책에서와 마찬가지로 또 한 가지 알아본 것은 바로 '현금 부자'다. 매년 10~11월경 KB 경영연구소에서 10억 원 이상 금융자산 보유자를 한국 부자로 정의하고 이런 한국 부자의 지역별 현황 등을 알아보는 '한국 부자 보고서'를 발행한다. 나는 지역별 현금 부자의 분포 및 변화 추이와 더불어 아파트 수 대비 현금 부자가 얼마나 있는지도 매년 업데이트하고 있다.

〈표 3-1〉에서 보듯 10억 원 이상 금융자산 보유자를 나타내는 현금 부자도 수도권 쏠림 현상이 두드러지고 있다. 2015년에도 전국 현금 부자 중 수도권이 차지하는 비중이 68%에 이르렀는데 2020년에는 70.8%로 증가했다. 3분의 2 이상이 수도권에 집중돼 있다. 그 밖에 존재감을 드러낸 곳이 또 하나 있으니, 바로 부산이다. 부산의 현금 부자 비중 역시 2015년 6.9%에서 2020년 7.4%로 적지 않은 증가폭을 보여줬다. 우리나라 제2의 도시다운 저력을 보여준 셈이다. 인천 역시 2.9%라는 비중을 유지했다.

여기서 지역별 아파트 수를 뽑아서 아파트 1,000호당 현금 부자 수가 얼마나 되는지도 알아봤다. 동일한 아파트 세대수 대비 현금 부자 수가 더 많은 지역일수록 주택 구매력이 더 높은 지역이라고 판단할 수 있기 때문이다. 결과를 확인해봤더니 역시 서울은 서울이었다. 아파트 1,000호당 10억 원 이상

─────────────── 〈표 3-1〉 현금 부자의 변화 추이

구분	현금 부자 비중(전국, %)		현금 부자 (천 명)	아파트 수 (천 호)	아파트 1,000호당 현금 부자 수(명)
	2015	2020			
서울	44.8	45.7	178.6	1772.7	101
경기	20.3	22.2	86.5	3146.7	27
인천	2.9	2.9	11.5	661.6	17
부산	6.9	7.4	29.0	860.0	34
대구	4.7	4.5	17.6	595.4	30
대전	2.3	2.0	6.3	432.3	15
광주	2.0	1.6	7.7	367.2	21
울산	1.6	1.2	4.7	289.4	16

• 출처: KB경영연구소, 통계청

금융자산 보유자 수가 무려 101명에 달했다. 아파트 10호당 1명꼴로 10억 원 이상 금융자산이 있는 셈이다. 서울과 다소 격차가 있지만 부산, 대구, 경기가 그 뒤를 이었다. 여기서도 부산이 두각을 보였다. 펀더멘털만 어느 정도 갖춰준다면 풍부한 구매력을 갖춘 부산이 상승 탄력을 받으리라고 판단해볼 수 있는 대목이다.

광역시 중 톱픽은 바로 이곳

현재의 광역시 밸류에이션을 보여주는 주택구입부담지수와 전세가율, 향후 물량 부담을 가늠케 하는 착공·인허가 물량, 지역별 주택 구매력을 보여주는 또 다른 지표인 현금 부자 등 총 다섯 가지 지표로 6대 광역시 상황을 알아봤다. 이전 책에서는 6대 광역시 중 부산이 가장 유망한 것으로 드러났는데 2년이 지난 지금은 어떻게 바뀌었을까? 〈표 3-2〉를 보자.

항목별 순위이기 때문에 숫자가 낮을수록 순위가 높다는 점을 염두에 두기 바란다. 주택구입부담지수, 전세가율, 단기 물량 부담(착공 물량), 중장기 물량 부담(인허가 물량), 현금 부자 비율의 6대 광역시 순위를 더해보니 기존 톱픽이 었던 부산 외에 인천도 유망하다는 결론이 나왔다. 그런데 두 지역, 즉 부산과 인천의 차이가 확연하다.

부산은 주택구입부담지수와 전세가율의 순위가 좋지 않았던 데서 알 수 있듯 현재 펀더멘털보다 오버슈팅된 부분이 분명 존재한다. 그러나 단기 물량 부담이 2위, 중장기 물량 부담이 3위인 것에서 알 수 있듯이 2024년 이후 공급 부족이 예상되는 데다 현금 부자 비율이 1위이므로 한번 상승 탄력을 받으

구분	주택구입 부담지수	전세가율	단기 물량 부담	중장기 물량 부담	현금 부자 비율	합계
부산	4	5	2	3	1	15
대구	2	4	5	5	2	18
인천	3	1	6	2	3	15
광주	5	6	1	1	5	18
대전	6	3	4	6	4	23
울산	1	2	3	4	6	16

면 다른 곳보다 강하게 움직일 가능성이 있는 곳이다.

인천은 반대로 전세가율 1위에서 보듯 현재 펀더멘털 대비 오버슈팅된 부분이 상대적으로 적으나, 단기 물량 부담이 매우 크다는 게 단점이다. 반면 중장기 물량 부담은 대폭 감소하고 있으므로, 단기 물량 부담으로 조정을 겪어서 투자가치가 회복되는 시점에 입주 물량 감소와 맞닥뜨린다면 가파르게 상승할 수 있는 곳이기도 하다. 2026년 이후 인천 입주 물량 감소가 예상되는데 이때를 눈여겨봐야 한다는 생각이다.

그리고 순위는 다소 낮으나 단기·중장기 물량 부담이 가장 적은 광주도 놓치기 아까운 곳이다. 펀더멘털 대비 상당히 오버슈팅된 부분이 존재하지만, 적절한 조정장을 겪는다면 눈여겨볼 필요가 있다고 판단한다.

노파심에 다시 강조하지만, 부산과 인천을 광역시 중 톱픽으로 선정했다고 해서 지금 당장 해당 지역을 매수해도 된다는 의미는 아니다.

지금은 분명히 고평가 국면이기에 충분한 조정을 겪어야 투자할 만하다. 모든 광역시의 주택구입부담지수가 전고점을 추월했다고 언급했듯이, 부산은 2024~2026년, 인천은 2026년 이후 입주 물량 감소가 예상되므로 그 전까지 일정 수준의 조정을 겪는다면 매력적인 매수 기회가 생길 것이다.

4

___

서울 재진입 시점,
언제가
최적일까?

2장에서 2026~2027년 3기 신도시 입주와 서울의 늘어나는 입주 물량이 맞물린다면 하방 압력이 극대화되리라고 설명했다. 또한 이전 책에서 서울 및 1기 신도시 정비사업에 따른 대규모 멸실, 5년 이상 하락한 적이 없는 서울 부동산의 특성, 2027년 대선을 대비하는 부동산 부양책 시행 등으로 2020년대 후반부 반등 가능성이 크다고 이야기했다. 다만 2020년대 후반부를 예측하는 것은 아직 먼 훗날의 일이므로 뜻밖의 변수들이 등장할 가능성도 큰바, 정량적 기준을 가지고 서울의 재진입 시점을 따져보고자 한다. 최적의 진입 시점도 펀더멘털에 근거해 따져봐야 한다. 2023년 전후를 중장기 고점으로 전망했는데 금리 급등으로 오버슈팅 수준이 심화돼 시점이 앞당겨졌듯이, 무엇보다 '펀더멘털 대비 저평가 수준'이라는 관점에서 접근하는 것이 맞는다고 본다.

고평가 여부를 주택구입부담지수와 전세가율로 알아봤듯이, 저평가 여부도 똑같은 지표로 판단하는 것이 바람직하다. 그래서 여기서도 주택구입부담지수가 첫 번째 타자로 등장한다.

〈그림 4-1〉에서 볼 수 있듯이, 서울 주택구입부담지수의 중장기 평균은 132.5다(2004년 1분기~2022년 2분기 기준). 그리고 주택구입부담지수의 최저점은 86.5(2015년 1분기)였다. 즉, 주택구입부담지수가 86.5와 132.5 사이라면 매수를 고려해볼 만한 시점으로 볼 수 있다. 다만 주택구입부담지수가 132.5 아래라도 조만간 대규모 공급(3기 신도시 입주 개시 등) 등의 이벤트가 기다리고 있다면 매수 시점을 좀 더 늦출 필요가 있다.

참고로 주택구입부담지수는 기본적으로 주택금융연구원에서 매 분기 말일에 발표한다. 그런데 앞서 언급했듯이 각 지역의 주택 중위가격 기준이

〈그림 4-1〉 서울 주택구입부담지수 추이

• 출처: 한국은행 경제통계시스템

2012년까지는 KB부동산, 2013년부터는 한국부동산원으로 변경됐기에 나는 비교의 일관성을 위해 2013년부터도 KB부동산으로 환산해 적용하고 있다. 그렇게 환산한 지수를 블로그와 여러 카페를 통해 분기마다 게재하고 있으니 참고해주기를 바란다.

전세가율, 60%라는 숫자를 기억하자

〈그림 4-2〉가 보여주듯이, 서울 아파트 전세가율의 최저점은 38.2%(2009년 1월)였으며 최고점은 75.1%(2016년 6월)였다. 2009년 1월 38.2%를 저점으로 전세가율은 계속 반등했으나 집값은 오히려 계속 하락했다. 2009~2013년은 매매가는 하락하고 전세가는 오르면서 두 지표 간 차이가 좁혀지는 시기였다.

〈그림 4-2〉 서울 아파트 전세가율

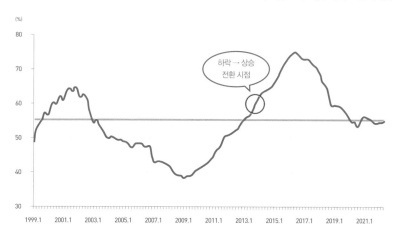

그렇다면 매매가가 하락에서 상승으로 전환되는 시점의 전세가율은 얼마였을까? 바로 60%(2013년 10월)였다. 40% 아래까지 떨어졌던 전세가율이 60%까지 오르자, 매매가도 하락에서 상승으로 전환됐다. 앞서 서울의 전세가율이 50% 아래로 갈 경우 중장기 하락장이 본격화될 가능성이 크다고 언급했는데, 하락장에서는 전세가율이 상승 전환하더라도 60% 아래에서는 본격적인 상승 전환이 어려울 가능성이 크다. 과거의 사례가 앞으로도 통한다는 보장은 없으나 참고는 할 만하다고 생각한다. 전세가율 50%(매매가 중장기 하락 전환 시그널)와 60%(매매가 상승 전환 시그널)라는 숫자를 기억하자. 서울 아파트 전세가율은 KB부동산에서 매월 업데이트하는 엑셀 데이터를 참고하면 되며, 나도 블로그와 카페를 통해 매월 게재하고 있으니 이를 참고해도 좋다.

1년의 반등이 주는 의미

이렇게 정량적으로 매매가 저점 또는 상승 전환 시점을 알아보는 시도를 했는데, 그렇다고 하더라도 떨어지는 칼날을 잡는 건 어지간한 용기로도 어려운 일이다. 아무리 근거로 삼을 만한 지표와 숫자가 있다고 하더라도 과연 들어가도 되는지 판단하고 결정하는 것은 용기가 필요한 일이다. 그래서 비정량적인 이야기도 한 가지 곁들이고자 한다.

1986년부터 2022년까지 지난 37년간 서울 부동산 데이터에서 확인되는 사실 중 한 가지를 소개하겠다. 서울 부동산은 1991~1995년과 2010~2013년의 하락장 속에서도 월간 단위로는 가끔 반등이 있었으나 이내 다시 하락하곤 했다. 그러나 반등이 최소 1년 지속될 경우, 이후로는 최소 4년 이상의 상승장을 맞이하곤 했다. 따라서 매매가가 하락을 지속하다가 '1년 정도 반등'한다면 이후 최소 4년 이상 상승할 가능성이 크다고 보고 진입해도 된다. 그러면 최소한 발바닥은 아니더라도 무릎 정도에서 사는 효과를 누릴 수 있다는 판단이다. 서울 부동산 정도 되는 규모라면 한번 상승으로 방향을 전환하면 다시 하락하기까지 시간이 걸린다는 점을 활용하는 셈이다.

재건축 단지의 역발상

지난 하락장을 반추하면서 전세가율이 낮은 곳의 하락폭이 컸고 이번 하락장에서도 예외가 아닐 것이라고 이야기했다. 대체로 전세가율이 낮은 재건축 단지도 여기에 해당한다. 그런데 여기서 역발상을 할 필요가 있다. 앞의 말을 뒤집어보면 상승장에서는 도리어 상승 탄력을 받을 수 있는 곳이 재건축 단지라는 말도 되기 때문이다. 이는 투자가치가 바로 매매가에 반영되는 상승장의 특성 때문이기도 하다.

하락장 끄트머리 시점 또는 앞서 언급한 대로 반등한 지 1년 정도 되는 시점에서 그동안 하락폭이 컸던 재건축 단지를 매수하는 것도 상승장을 누리는 방법 중 하나라고 할 수 있다. 그렇다고 아무 재건축 단지나 매수하라는 이야기는 아니다. 보통 하락장에서는 재건축 동력을 상실하기 쉽지만, 현명한 조합이라면 윤석열 대통령-오세훈 서울시장 체제하에서 재건축 진도를 최대한 빼고자 할 것이다. 그래야 상승장 때 재건축 완료 및 입주를 이뤄내 최대한의 상승폭을 누릴 수 있기 때문이다. 따라서 이번 하락장에서 사업 속도를 올리는 재건축 단지를 앞서 언급한 시점에 매수하는 것도 노려봄 직한 방법이다.

미래 호재가 선반영돼 매매가가 전세가보다 큰 폭으로 올랐다가 이번 하락장 때 크게 하락한 지역도 눈여겨보자. 시간이 지남에 따라 해당 호재가 가시화될 경우 하락장 후반부 또는 반등한 지 1년 된 시점에 매수하는 것이 상승장 때 초과 수익을 누리는 방법이다.

| 1. 상급지로 갈아타기 좋은 시기와 나쁜 시기는 따로 있다

인구 감소가 시작되면 '상급지로 갈아타기'는 선택의 문제가 아닌 생존의 문제가 된다. 인구가 줄어들수록 비핵심지부터 타격을 받기 때문이다. 마치 저수지에 가뭄이 닥치면 가장자리(비핵심지)부터 말라붙기에 상대적으로 안전한 중앙(핵심지)으로 물고기(수요)들이 몰려드는 것과 같은 이치다. 그러나 상급지로 갈아타는 것이 언제나 옳은 것은 아니다. 상급지로 갈아타는 데에도 좋은 시기와 나쁜 시기가 있다.

우선 서울과 경기의 사례를 보자. KB부동산 데이터는 서울 매매지수 상승률이 1986년부터 축적돼 있지만 경기 매매지수 상승률은 2003년부터 축적돼 2010~2013년 하락장과 2014~2021년 상승장만 비교해봤다. 2010~2013년 하락장 때 서울은 9%, 경기는 7% 하락했으며, 2014~2021년 상승장 때는 서울이 80%, 경기가 69% 상승했다. 서울이 경기보다 상급지라고 할 때, 상급지가 하락장 때는 초과 하락하고 상승장 때는 초과 상승한 모습이 확인된다.

더 구체적으로 들어가 보자. 한 가지 양해를 구하고 싶은데, 편의상 한강 이남을 한강 이북보다 상급지로 가정하고자 한다. 물론 한강 이북도 좋은 입지가 많으나 평균적으로는 한강 이남이 조금 더 상급지로 판단돼서 그런 것이니 너그러이 이해해주시길 바란다.

1987~1990년 상승장 때는 한강 이남이 82%, 한강 이북이 69% 상승한 반면, 1991~1995년 하락장 때는 한강 이남이 10.3%, 한강 이북이 9.7% 하락했다. 1999~2009년 상승장 때는 한강 이남이 134%, 한강 이북이 92% 상승했고, 2010~2013년 하락장 때는 한강 이남이 8.9%, 한강 이북이 8.5% 하락했다.

서울과 경기, 서울 한강 이남과 한강 이북. 이 두 가지 사례를 보면 상승장 때는 상급지가 초과 상승했고 하락장 때는 상급지가 초과 하락했음을 알 수 있다. 단, 상승장 때 상급지가 치고 나가는 정도가 크다 보니 장기적으로 상급지 상승률이 더 높았던 것도 사실이다. 이렇게 되면 상급지로 갈아타기 좋은 시기와 나쁜 시기가 다음과 같이 명확해진다.

상급지로 갈아타기 좋은 시기
- 상승장 전반부(향후 상급지 초과 상승 예상)
- 하락장 막바지(상급지 초과 하락 마무리 단계)

상급지로 갈아타기 나쁜 시기
- 상승장 막바지(하락장 전환 시 상급지 초과 하락)
- 하락장 전반부(향후 상급지 초과 하락 예상)

지금이 하락장 초입이라고 판단할 때 위 논리를 적용한다면 당분간 상급지로 갈아타는 것은 추천할 수 없는 상황이다. 상급지의 초과 하락이 예상되기 때문이다. 그런데 이번 상승장은 이전 상승장과 다른 부분이 하나 있다.

1991~1995년과 2010~2013년의 하락장 때 한강 이남이 한강 이북보

다 초과 하락한 데에는 그 직전 시기, 즉 1987~1990년과 1999~2009년에 한강 이남의 대폭적인 초과 상승이 있었기 때문이라고 할 수 있다. 그런데 2014~2021년 상승장은 어땠을까? 이 기간에 한강 이남은 82% 상승했고 한강 이북은 78% 상승했다. 과거 상승장과 비교할 때 한강 이남과 한강 이북의 상승률 간에 별 차이가 없었다는 이야기다. 이는 2019년 12월 '15억 원 이상 주택담보대출 금지' 규제가 영향을 미쳤기 때문이다.

실제 2014~2019년에는 한강 이남이 41%, 한강 이북이 33% 상승했지만 15억 원 이상 주택담보대출 금지 규제가 시행된 후인 2020~2021년에는 한강 이남이 29%, 한강 이북이 34% 상승하면서 두 지역의 가격 상승폭 차이가 줄어들었다. 다시 말하면, 이번 상승장 때는 15억 원 이상 주택담보대출 금지 규제 영향으로 상급지의 초과 상승폭이 크지 않았기 때문에 다음 하락장 때 상급지의 초과 하락 가능성도 그만큼 축소될 수 있다는 이야기다.

또 다른 기준은 전세가율이다. 매매가에서 전세가가 차지하는 비중을 나타내는 전세가율은 매매가에 얼마나 큰 버블이 끼어 있는지를 알려주는 지표 중 하나라고 앞서 설명했다.

지난 상승장을 다시 돌아보자. 한강 이남, 특히 강남 3구는 2007년 상반기가 고점이었고 한강 이북은 2008년 하반기가 고점이었는데, 이 차이를 가른 것이 전세가율이었다. 실제 2007년 상반기 한강 이남의 전세가율은 37% 내외까지 떨어지면서 매매가의 고점을 형성한 반면, 한강 이북의 전세가율은 한강 이남을 크게 웃도는 50% 내외에 이르러 매매가의 고점이 지연됐다(2007년 상반기 기준으로 한강 이남의 매매가에 버블이 훨씬 더 크게 끼어 있었다는 이야기다). 이후 한강 이북의 전세가율도 계속 하락하다가 2008년 하반기 41% 내외까지 떨어지자, 그때를 기점으로 매매가도 내려가기 시작했다. 그런데 2022년 9월 기준 전세가율은 한강 이남 53%, 한강 이북 56%로 큰 차이가 없다. 한강 이남과 한강 이북의 매매가에 낀 버블이 별 차이가 없다는 뜻이다.

과거 상승장 때는 한강 이남의 전세가율이 한강 이북보다 훨씬 빨리 떨어지면서 그만큼 매매가의 고점도 빨리 왔고 하락장 때 초과 하락한 반면, 이번 상승장 때는 한강 이남과 한강 이북의 전세가율에 별 차이가 없기 때문에 과거처럼 한강 이남이 매매가의 고점을 먼저 형성하고 초과 하락하지는 않을 것으로 보인다.

결론적으로 과거 상승장에 비해 이번 상승장은 첫째 중·하급지보다 상급지의 초과 상승폭이 덜했고, 둘째 중·하급지와 상급지의 전세가율이 별 차이가 없다는 점에서 하락장이 와도 상급지가 초과 하락하지는 않을 가능성이 크다고 판단된다. 그리고 이런 일은 15억 원 이상 주택담보대출 금지라는 초유의 규제 영향 때문으로 풀이되는데, 먼 미래에 다시 상승과 하락의 사이클이 펼쳐질 때는 상급지의 초과 상승 여부를 확인하고 갈아타는 시기를 가늠하는 것이 좋아 보인다. 원래는 하락장 전환 시 상급지가 초과 하락하는 경우가 많았으니, 그럴 때는 상급지로 갈아타는 건 잠시 기다리는 게 맞겠다.

그러나 서울과 경기는 한강 이남 및 이북과 다소 다른 양상을 띨 가능성이 있다. 서울과 경기도 과거 상승장 때는 서울이 대폭 초과 상승했고 과거 하락장 때는 서울이 초과 하락했다고 설명했는데, 이런 관점에서 보면 이번 상승장(2014~2021년) 때 서울은 80%, 경기는 69% 상승해 서울이 초과 상승한 과거 상승장 때의 모습을 반복했다. 이 말인즉, 과거 하락장 때처럼 다음 하락장 때도 서울이 경기보다 초과 하락할 가능성이 크다는 뜻이다.

전세가율도 마찬가지인데, 2008년 말 전세가율이 서울은 39%, 경기는 42% 내외까지 떨어지면서 함께 매매가의 고점을 형성했다. 그런데 2022년

9월 기준 전세가율은 서울 55%, 경기 66% 내외로 서울이 낮다. 따라서 이 추세가 유지된다면 이번 하락장 때 서울의 초과 하락 가능성은 클 수밖에 없어 보인다.

최종 결론을 내본다면, 서울 부동산이 변곡점에 다다랐다고 볼 때 현시점에 서울 내 상급지로 갈아타는 건 큰 문제가 안 되나 경기에서 서울로 갈아타는 것은 서울의 초과 하락 가능성이 크기 때문에 무리해서 진행할 필요는 없다는 말씀을 드리고 싶다.

5

중장기 미래의
입지

지금까지 주로 전망을 이야기해왔다. 입지에 관해서 굳이 말을 하지 않은 이유는 입지의 변화가 크지 않다고 생각해서다. 좀 더 자세히 말하자면, 학군이 좋은 곳은 앞으로도 좋을 것이고, 일자리 경쟁력이 좋은 곳은 앞으로도 좋을 것이고, 교통이 좋은 곳도 계속 좋을 것이다. 이런 요소들은 이미 집값에 반영돼 있기 때문에 굳이 '이미 좋은' 입지를 자세히 파고들 필요성을 느끼지 못했던 게 사실이다. 그러나 중장기적으로 변화의 흐름이 예상된다면 이를 소개하는 것이 마땅하다고 생각해서 향후 입지의 변화에 관한 내 생각을 이야기해보고자 한다.

피할 수 없는 고령화 시대　　🏠🏠

이미 우리나라는 고령화 시대를 피할 수 없는 상황이 됐다. 전체 인구 중에서 65세 이상 인구가 차지하는 비중이 7% 이상이면 '고령화 사회', 14% 이상이면 '고령 사회', 20% 이상이면 '초고령화 사회'라고 일컫는다. 우리나라는 2000년에 고령화 사회를 맞이했으며, 17년 뒤인 2017년에 고령 사회가 됐다. 그런데 그로부터 8년 뒤인 2025년이 되면 초고령화 사회가 된다고 하니 가히 엄청난 속도다.

　65세 이상 인구가 전체 인구의 20% 이상이 되는 시기가 바로 눈앞에 온 셈이다. 게다가 통계청에서는 2050년이 되면 세종시를 제외한 모든 시·도의 65세 이상 인구 비중이 40%를 넘길 것으로 전망했다. 고령 인구 비중이 이와 같이 폭발적으로 증가한다면 선호하는 입지의 우선순위 역시 변할 수 있다고 생각한다. 어떤 변화가 있을까? 고령화 시대를 맞이한 일본의 사례에서 유추해봤다.

　첫째, 역세권과 비역세권의 차이가 더욱 벌어진다. 고령 인구가 많아질수록 걸어 다닐 수 있는 거리에 한계가 있어 역세권의 인기는 더욱 치솟게 된다. 지금도 역세권의 인기는 두말할 것도 없지만, 고령 인구의 증가로 인기가 더욱 높아진다. 자연스레 초역세권과 역세권, 역세권과 비역세권의 차이도 더 벌어진다. 고령 인구가 무슨 지하철을 이용하느냐는 지적도 제기될 수 있는데, 고령 인구의 증가로 자동차 교통사고가 증가하는 일본에서는 고령층을 대상으로 운전면허증 자진반납 제도를 시행해 30만 명이 운전면허증을 반납했다. 비슷한 상황이 우리나라에서도 결국 일어날 가능성이 크며, 지하철을 이용하는 고령 인구의 비중도 늘어나면 늘어났지 줄어들지는 않을 것이다. 따라서 역세권의 입지 경쟁력은 더욱 커질 것이다.

둘째, 대형 병원 근처의 입지가 인기를 끈다. 결국 의료 서비스가 반드시 필요한 고령 인구의 비중이 늘어날수록 여건이 된다면 대형 병원 근처에 거주하려는 수요가 증가할 수밖에 없다. 거동이 불편하다면 더더욱 그렇다. 특히 의료 인프라가 점점 더 핵심지로 집중되는 현상은 일본뿐 아니라 우리나라에서도 이미 나타나고 있으며, 대형 병원 근처 입지의 인기 상승은 점점 더 가속화될 것으로 보인다. 우리보다 먼저 고령화 사회에 진입한 일본에서는 고령자의 급증과 현역 세대의 급감으로 2040년에는 의료 복지 종사자가 1,070만 명 필요하나 확보 가능 인력은 974만 명에 그칠 것으로 보여 약 100만 명이 부족하다고 한다. 의료 복지 종사자의 부족은 의료 서비스의 약화로 이어져 의료 서비스가 충실한 곳 주변으로 주거 수요가 몰릴 수밖에 없을 것이다. 멀지 않은 우리의 미래이기도 하다.

셋째, 평지에 자리한 단지의 인기가 올라간다. 거동이 불편한 고령 인구가 많아질수록 언덕이 많은 단지보다는 평지에 있는 단지의 인기가 올라갈 수밖에 없다. 지금까지 입지 선정 때 크게 고려하지 않았던 부분이라 중장기적으로 차이를 끌어내는 요소가 될 것으로 판단한다.

더욱 중요해지는 직주근접

역세권만큼이나 직주근접 주거지의 인기도 이미 높다. 그럼에도 직주근접의 인기가 더욱 높아지리라고 보는 이유 중 하나는 '남녀 학력의 변화' 때문이다.

고등학생의 성별 대학 진학률 추이를 보면 2000년에는 남학생이 여학생보다 5.0% 높았고 2005년에는 2.5% 높았다. 그런데 2010년에는 여학생이 남학생보다 3.0% 높았으며, 이 차이는 계속 벌어지다가 2020년에는 여학생이 남학생보다 6.8% 높아졌다. 이른바 SKY(서울대·고려대·연세대) 신입생 남녀 비율도 2014년에는 남학생 59%, 여학생 41%였으나 2021년에는 남학생 55%, 여학생 45%로 격차가 줄어들고 있다. 이런 추이가 반영된 결과가 남녀 고용률로 나타난다.

〈그림 5-1〉은 20대 남녀 고용률 추이를 보여주는데, 여기서 고용률이란 해당 세대 인구 중 취업자 비율을 의미한다. 2000년만 해도 20대 남녀 고용률은 남성이 여성을 10%p 이상 앞섰으나, 점차 격차가 줄어들더니 2011년에 처음으로 여성이 남성을 추월했다. 이후 20대 여성과 남성의 고용률 차이가 벌어지기 시작하더니, 2021년에는 여성이 남성을 5%p 앞섰다. 여성의 학력 및 고용률이 지속적으로 상승하면서 가정에서도 여성의 발언권 및 영향력이

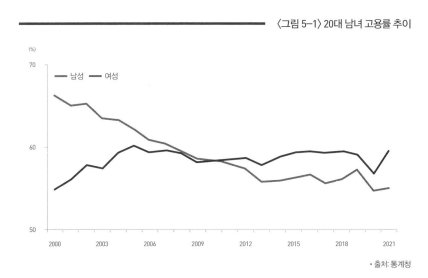

〈그림 5-1〉 20대 남녀 고용률 추이

• 출처: 통계청

더 커지고 있다.

이런 현상이 앞으로도 지속되거나 더욱 강화된다고 볼 때, 육아에서도 공동 육아 트렌드가 자리 잡을 것이다. 그러면 용이한 육아를 위해서라도 직장 근처의 주거지, 즉 직주근접 입지가 (지금도 인기 있지만) 앞으로 더욱 인기를 끌 것이다.

슬세권의 부각

백화점 최상위 VIP는 별도의 라운지를 이용할 수 있고 퍼스널 쇼핑(고객의 취향을 고려한 쇼핑 도움 서비스), 명절 선물, 문화 공연, 할인, 발레파킹 등 각종 혜택을 제공받는다. 메리츠증권에 따르면 국내 백화점에서 전체 매출 중 VIP가 차지하는 비중이 신세계와 현대백화점은 32%, 롯데백화점은 27% 수준이라고 한다. 그러니 백화점이 VIP를 아끼는 것은 당연한 이치라고 할 수 있다.

백화점 VIP 등급을 받으려면 해당 백화점에서 최대한 많이 소비해야 하는데, 코로나19 이후 백화점 VIP 등급을 받기 위한 커트라인이 많이 올라갔다고 한다. 예컨대 신세계백화점 VIP 등급 중 가장 높은 '트리니티'를 받으려면, 과거에는 연간 1억 8,000만 원가량을 신세계백화점에서 소비하면 됐는데 현재는 2억 4,000만 원가량을 소비해야 한다고 한다. 롯데백화점 역시 최고 등급인 '에비뉴엘'을 받으려면 연간 2억 원 이상을 그 백화점에서 소비해야 한다고 한다.

여기서 눈길을 끄는 점이 있는데, 바로 백화점 VIP 계층의 구성원이 달라지고 있다는 것이다. 과거에는 연예인이나 전문직 종사자, 기업체 대표 등 40대 이상이 주류였지만 최근에는 유튜버나 일타 강사, 온라인 쇼핑몰 운영자 등이 대거 진입했다고 한다. 명품 매출의 경우는 2030세대 비중이 신세계 48%, 롯데 45%, 현대 45%까지 늘었다는 것이다.

온라인을 통한 활발한 정보 소통은 어떤 분야든 간에 경쟁력 있는 개인과 단체에 쏠림 현상을 일으키고, 이는 오프라인의 전통적인 부자 계층을 허물면서 새로운 부의 출현을 견인한다. 새로운 부의 출현도 부동산 입지의 우선순위에 미묘한 변화를 일으킬 것으로 보이는 요소다. 앞서 말했듯이 백화점의 고가 구매층이 보다 젊은 층으로 재편되면서, 이들이 선호하는 입지, 즉 슬세권(슬리퍼를 신는 정도의 편안한 차림으로 각종 편의시설을 이용할 수 있는 주거 권역)의 인기가 갈수록 높아질 것으로 예상한다. 즉, 대형 쇼핑시설 인근의 입지가 과거보다 더 인기를 끌게 될 것이다.

실제 그런 추이가 이미 두드러지고 있다. 〈그림 5-2〉는 잠실동의 평당가를 강남구 및 서초구 평균 평당가와 비교한 것이다. 잠실동은 알다시피 기존 롯데백화점 잠실점 외에 롯데월드타워까지 들어선 서울의 대표적인 슬세권 권역이라고 할 수 있다.

그래프를 보면 2019년만 해도 잠실동과 강남구·서초구 평당가 차이가 400만 원에 이르렀으나, 2020년 하반기부터 급격히 차이를 좁힌 이후 유사한 수준의 가격 추이를 지속함을 알 수 있다. 2020년 6월 23일부터 잠실동이 줄곧 토지거래허가구역으로 묶여서 상승폭에 제한이 걸렸다는 점을 고려하면, 실질적으로는 강남구·서초구보다 잠실동이 더 올랐으리라는 가정도 가능하다. 이미 인기가 올라가고 있는 슬세권 경쟁력을 방증하는 사례라고 할 수 있다(2022년 들어 거래량이 급감하면서 대단지 위주의 잠실동 시세가 유독 하락했으나, 결국은 강남구·서초구도 비슷한 추이를 보일 것으로 예상된다).

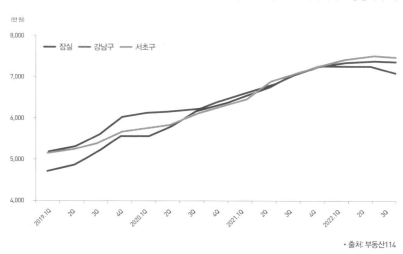

(만 원)

잠실 — 강남구 — 서초구

• 출처: 부동산114

진화하는 신축 대단지

신축 대단지의 인기도 사그라들지 않을 것 같다. 넉넉한 주차 공간, 헬스장과 독서실 및 스크린골프장에 목욕탕까지 구비된 커뮤니티, 훌륭한 지상 조경 등 신축 대단지의 장점은 일일이 나열하기 힘들 정도다. 게다가 신축 대단지 내의 커뮤니티도 끊임없이 진화하고 있다. 커뮤니티 안에 수영장이 있다는 것은 이제 놀랄 만한 뉴스도 아니다. 입주민을 위한 조·중식 서비스가 빠르게 확산되고 있는 데다 서초동 신축 단지에는 입주민 전용 영화관까지 들어섰다. 앞으로 완공되는 아파트 중에는 한강이 보이는 야외 수영장, 아이스링크장, 워터파크, 식물원, 오페라하우스, 캠핑장 등도 생긴다고 하니 놀랍기 그지없다.

아파트 단지의 폐쇄 정도가 높을수록 아파트 가격이 높다는 분석 결과가 있다는 사실은 옳고 그름을 떠나서 깊은 의미를 가진다.* 아파트가 가격에 따라 서열화되면서 급기야는 계급적 상징이 되어버렸다는 이야기까지 나오는 터에, 아파트 폐쇄 정도와 가격의 상관관계가 깊다는 사실은 상위 계층일수록 보다 폐쇄된 아파트 단지를 선호한다는 걸 의미한다. 그리고 단지 안에서 많은 것을 할 수 있는 커뮤니티의 진화는 이런 현상을 더욱 가속화한다. 이런 관점에서 볼 때 각 권역 내에서 신축 대단지의 인기는 앞으로 더 높아질 것이다 (6장의 추천 단지들은 이런 요소들을 망라해서 선정했다).

• 김지은, <아파트 단지 물리적 폐쇄성의 경제적·사회적 효과:주택가격과 근린관계를 중심으로>, 서울대학교 대학원

| 1. 서울 권역별 직주근접 경쟁력 추이

앞서 직주근접 입지의 인기가 지금도 높지만 앞으로 더 올라갈 것이라고 이야기했다. 이전 책에서는 2015년부터 2020년까지 '매년 3월' 서울의 출근시간대 하차인원 상위 20개 역을 뽑아보고 해당 순위의 변화를 통해 지역별 직주근접 경쟁력에도 변화가 발생하고 있는지 알아봤는데, 이 책에서는 2015년부터 2021년까지 '연간' 출근시간대 하차인원 상위 30개 역을 뽑아서 범위와 대상을 확대해봤다. 출근시간대 하차인원이 많거나 많아지고 있는 역이라는 것은 직장이 몰려 있거나 새로운 직장이 생겨나고 있다는 의미다. 따라서 해당 역과의 접근성이 뛰어난 역세권 단지가 앞으로도 가치를 더해갈 것이라는 데 본 조사의 의미가 있다.

우선 〈표 5-1〉에서 조사 결과를 확인할 수 있다.

〈표 5-1〉 연간 출근시간대 하차인원 상위 30개 역

구분	2015	2016	2017	2018	2019	2020	2021
1위	가산디지털단지	가산디지털단지	가산디지털단지	가산디지털단지	가산디지털단지	가산디지털단지	가산디지털단지
2위	강남	선릉	강남	강남	선릉	선릉	선릉
3위	선릉	강남	선릉	선릉	강남	강남	강남

순위							
4위	서울역	서울역	서울역	서울역	서울역	여의도	여의도
5위	삼성	시청	역삼	역삼	역삼	서울역	역삼
6위	역삼	역삼	삼성	삼성	여의도	역삼	서울역
7위	시청	삼성	시청	시청	삼성	삼성	삼성
8위	여의도	여의도	여의도	여의도	시청	시청	시청
9위	을지로입구	을지로입구	잠실	잠실	잠실	을지로입구	을지로입구
10위	잠실	잠실	을지로입구	을지로입구	을지로입구	잠실	잠실
11위	양재	고속터미널	고속터미널	고속터미널	고속터미널	양재	성수
12위	고속터미널	종각	종각	광화문	종각	구로디지털단지	구로디지털단지
13위	종각	교대	광화문	종각	양재	종각	양재
14위	교대	양재	교대	양재	광화문	교대	교대
15위	구로디지털단지	구로디지털단지	양재	교대	구로디지털단지	광화문	고속터미널
16위	광화문	광화문	구로디지털단지	구로디지털단지	교대	성수	광화문
17위	노량진	을지로3가	을지로3가	을지로3가	을지로3가	고속터미널	종각
18위	을지로3가	종로3가	종로3가	종로3가	성수	을지로3가	을지로3가
19위	종로3가	충무로	성수	성수	종로3가	공덕	공덕
20위	충무로	압구정	충무로	충무로	공덕	종로3가	학동
21위	압구정	성수	압구정	공덕	용산	학동	종로3가
22위	학동	학동	학동	압구정	압구정	압구정	강남구청
23위	성수	동대문역사문화공원	공덕	학동	충무로	강남구청	압구정
24위	사당	청담	동대문역사문화공원	홍대입구	학동	충무로	충무로
25위	동대문역사문화공원	사당	용산	용산	홍대입구	청담	용산
26위	청담	홍대입구	사당	동대문역사문화공원	동대문역사문화공원	용산	청담
27위	공덕	남부터미널	청담	남부터미널	회현	남부터미널	남부터미널
28위	남부터미널	공덕	남부터미널	회현	남부터미널	동대문역사문화공원	신사

| 29위 | 홍대입구 | 영등포 | 회현 | 사당 | 강남구청 | 홍대입구 | 문정 |
| 30위 | 영등포 | 회현 | 홍대입구 | 청담 | 사당 | 신사 | 홍대입구 |

• 출처: 서울 열린데이터광장

〈표 5-1〉은 연간 서울의 출근시간대 하차인원 상위 30개 역을 뽑아본 결과인데, 이렇게 보면 변화 추이를 확인하기 어려울 듯하다. 그래서 2021년 출근시간대 하차인원 순위를 기준으로 30개 역의 연도별 순위 추이를 〈표 5-2〉로 다시 구성해봤다.

〈표 5-2〉 상위 30개 역의 연도별 순위 추이

구분	2015	2016	2017	2018	2019	2020	2021
가산디지털단지	1	1	1	1	1	1	1
선릉	3	2	3	3	2	2	2
강남	2	3	2	2	3	3	3
여의도	8	8	8	8	6	4	4
역삼	6	6	5	5	5	6	5
서울역	4	4	4	4	4	5	6
삼성	5	7	6	6	7	7	7
시청	7	5	7	7	8	8	8
을지로입구	9	9	10	10	10	9	9
잠실	10	10	9	9	9	10	10
성수	23	21	19	19	18	16	11
구로디지털단지	15	15	16	16	15	12	12

양재	11	14	15	14	13	11	13
교대	14	13	14	15	16	14	14
고속터미널	12	11	11	11	11	17	15
광화문	16	16	13	12	14	15	16
종각	13	12	12	13	12	13	17
을지로3가	18	17	17	17	17	18	18
공덕	27	28	23	21	20	19	19
학동	22	22	22	23	24	21	20
종로3가	19	18	18	18	19	20	21
강남구청	32	33	32	31	29	23	22
압구정	21	20	21	22	22	22	23
충무로	20	19	20	20	23	24	24
용산	39	31	25	25	21	26	25
청담	26	24	27	30	31	25	26
남부터미널	28	27	28	27	28	27	27
신사	43	43	41	37	34	30	28
문정	241	140	68	49	45	35	29
홍대입구	29	26	30	24	25	29	30

• 출처: 서울 열린데이터광장

파란색 음영을 준 역은 대체로 순위가 상승하는 곳이며, 회색 음영을 준 역은 대체로 순위가 하락하는 곳이다.

순위가 상승하는 역은 여의도, 성수, 구로디지털단지, 공덕, 강남구청, 청담, 신사, 문정이다. 권역별로 보면 동남권 4개(강남구청, 청담, 신사, 문정), 서남권 2개(여의도, 구로디지털단지), 동북권 1개(성수), 서북권 1개(공덕)다. 이를 토대로 한다면 대체로 한강 이남의 직주근접 경쟁력이 올라가고 있다고 볼 수 있다. 특히 문정역의 순위 상승이 가파르다. 미래형 업무단지, 법조단지, 문정컬처밸리로 이뤄진 문정비즈밸리 입주가 순위에 크게 기여했음은 두말할 것도 없다. 그 외에는 갈수록 핫플레이스가 돼가고 있는 성수와 4개 철도 노선이 다니는 공덕이 눈에 띈다.

순위가 하락하는 역은 고속터미널, 광화문, 종각, 종로3가, 충무로, 홍대입구다. 권역별로 보면 동남권 1개(고속터미널), 도심권 4개(광화문, 종각, 종로3가, 충무로), 서북권 1개(홍대입구)다. 고속터미널과 홍대입구는 2020~2021년 코로나19로 유동인구 감소 및 온라인 수업 비중 확대의 영향을 받았으리라고 추정할 수 있다. 나머지 4개 역, 즉 광화문, 종각, 종로3가, 충무로의 출근시간대 하차인원 순위 하락은 대체로 도심권의 직주근접 경쟁력이 쇠퇴하고 있다고 해석할 수 있는 대목이다. 물론 서울 내 5대 권역의 사업체 근로자 수를 아파트 세대수로 나눠보면(아파트 1채당 근로자 수) 여전히 도심권이 가장 높은 수치를 보인다는 점에서 도심권 아파트의 희소성은 여전히 높다고 판단된다. 그렇지만 출근시간대 하차인원 순위가 하락 추세라는 점 역시 중장기적 관점에서 눈여겨볼 만한 부분이다.

▮ 2. 백화점 매출 순위로 본 양극화 상황

쇼핑에서 온라인 비중이 갈수록 커가는 추세지만 고가품은 여전히 백화점에서 구매하는 경향이 있다. 이에 지역별 백화점 매출은 해당 지역의 구매력을 가늠해볼 수 있는 지표로서 여전히 의미가 있다.

2020년 백화점 매출에는 굉장히 명확한 구분이 있었다. 인천만 플러스 증가율을 보였을 뿐 코로나19 여파로 서울 및 광역시는 한 자릿수 감소율을 기록했고, 각 도는 두 자릿수 감소율을 기록하면서 상당히 뚜렷한 양극화를 보여줬다.

〈표 5-3〉에서 볼 수 있는 것처럼, 서울은 6% 감소했는데 그 안에서도 권역별로 뚜렷한 차이가 있었다.

─────── 〈표 5-3〉백화점 매출 증감률(2020)

(단위: %)

구분	인천	광주	부산	서울	대전	대구	전북	경기	충북	충남	울산	경남	경북	강원
매출 증감률	+2	-3	-4	-6	-6	-8	-11	-11	-11	-13	-13	-16	-16	-22

• 출처: 어패럴뉴스

〈표 5-4〉에서 볼 수 있듯이, 서울 안에서도 동남권 권역만 매출을 지켰을 뿐 나머지 권역은 두 자릿수 이상의 매출 감소율을 기록했다. 코로나19 여파 속에서도 동남권의 차별화된 구매력을 확인할 수 있다.

─────── 〈표 5-4〉서울 권역별 백화점 매출 증감률(2020)

(단위: %)

구분	동남권	도심권	서남권	동북권	서북권
매출 증감률	+1	-10	-11	-16	-17

• 출처: 어패럴뉴스

그렇다면 2021년 백화점 매출액은 어떤 변화가 있었을까?

〈표 5-5〉에서 볼 수 있듯이, 모든 지역의 백화점 매출이 2020년보다 증가

했다. 특히 대전은 신세계 대전점 오픈의 영향으로 전국에서 가장 높은 증가율을 보였고 대구, 경기, 서울, 인천 등이 그 뒤를 이었다. 2020년과 마찬가지로 서울 및 광역시가 더 큰 폭의 증가율을 보였고 각 도는 상대적으로 낮은 증가율을 기록하면서 매출이 반등하는 와중에도 양극화 추세가 지속되고 있음을 보여줬다.

〈표 5-5〉 백화점 매출 증감률(2021)

(단위: %)

구분	대전	대구	경기	서울	인천	광주	부산	충북	강원	경북	전북	충남	울산	경남
매출 증감률	+46	+25	+24	+22	+21	+18	+18	+15	+13	+12	+11	+11	+8	+7

• 출처: 어패럴뉴스

2021년 서울 권역별 백화점 매출 증감률은 〈표 5-6〉과 같다. 동남권만이 전년 수준의 매출을 유지했던 2020년과는 사뭇 다른 결과로, 2021년은 서남권의 매출 증가율이 타 권역을 압도했다. 이는 여의도 더현대 서울점 개점 효과를 톡톡히 본 것인데, 2월 말에 개점하자마자 7,000억 원에 가까운 매출을 거두면서 서남권 백화점 매출 증가를 견인했다.

〈표 5-6〉 서울 권역별 백화점 매출 증감률(2021)

(단위: %)

구분	서남권	동남권	도심권	동북권	서북권
매출 증감률	+46	+22	+18	+2	+1

• 출처: 어패럴뉴스

앞서 지하철역별 출근시간대 하차인원 순위를 도출해 권역별 직주근접 경쟁력 추이를 알아봤는데, 동남권과 서남권의 출근시간대 하차인원 순위가 대체로 상승 추세였다. 이는 해당 권역의 직주근접 경쟁력이 타 권역보다 강해지고 있다는 의미로 해석할 수 있다. 2021년 백화점 매출 증감률에서도 서남권이 서울 평균 증감률의 2배 이상을 기록하면서 상대적으로 입지 경쟁력이 강화되는 모습이 확인됐다. 두 가지 지표에서 두드러지므로 신뢰도가 한층 높다고 할 수 있으며, 매우 중요한 체크 포인트로 기억해두길 바란다.

6

미래 입지가 더욱 강화될 추천 단지

다섯 가지 추천 기준

지난 장에서 중장기적인 미래에 더욱 주목받을 입지로 다음과 같은 항목들을 언급했다.

① 직주근접 경쟁력이 우수한 단지

② 직주근접 경쟁력이 더 강화될 단지

③ 슬세권 단지

④ 신축 대단지

⑤ 대형 병원 근처 단지

이 조건에 해당하는 단지들은 지금도 입지 경쟁력에서 앞서지만 남녀 학력 구도의 변화, 새로운 부의 출현, 커뮤니티의 진화, 피할 수 없는 고령화 시대의 도래 등에 따라 다른 단지들과의 차별화가 더 심화될 것이다. 인구 감소 상황을 먼저 맞이한 일본에서 핵심 입지로의 쏠림 현상이 가속화됐음을 살펴봤는데, 이미 인구 감소가 시작된 우리나라도 마찬가지 길을 걸을 가능성이 매우 크다. 따라서 그런 관점에서도 우수한 입지 경쟁력을 갖춘 단지들을 눈여겨보고 중장기적으로 선점할 필요성은 더욱 커지고 있다.

지금부터 소개하는 추천 단지들이 모두 각 지역의 대장 아파트라는 것은 아니다. 다만 앞의 항목들을 전부 또는 일부 충족해 다른 단지들보다 중장기적으로 더욱 인기를 끌 단지들이라고 판단했다. 즉, 다음에 찾아올 상승장 때 초과 상승할 잠재력을 보유한 단지들이라고 봤다. 그런 관점에서 접근해주기를 바란다.

추천 기준
앞서 언급한 항목들에 다음과 같이 기준을 세웠다.

- **직주근접 경쟁력이 우수한 단지**
  각 지역에서 출근시간대 하차인원이 가장 많은 역을 우선으로 뽑고, 해당 역과 해당 역에 세 정거장 내로 접근할 수 있는 역들의 반경 500m 안에 있는 단지들을 대상으로 했다.

- **직주근접 경쟁력이 더 강화될 단지**
  출근시간대 하차인원이 갈수록 늘어나는 역과 여기에 세 정거장 내로 접근할 수 있는 역들의 반경 500m 내에 있는 단지들을 대상으로 했다. 다만 안타깝게도 서울 외 지역은 출근시간대 하차인원 변동 추이를 알아볼 만한 데이터가 없어서 이 항목은 서울 아파트 단지에만 국한했다.

• 슬세권 단지

슬세권은 연간 매출이 5,000억 원을 넘는 전국 20개 백화점 반경 500m 내에 있는 단지들을 대상으로 했다.

• 신축 대단지

모든 추천 단지는 기본적으로 1,000세대 이상의 규모에 입주한 지 10년 내의 신축 단지들을 대상으로 했다. 단지 규모가 클수록 커뮤니티가 충실해 다른 단지와 차별화되기 때문이다. 이는 미래에 입주하는 단지도 마찬가지인데 재건축 후 1,000세대 이상이 될 것으로 보이는 단지도 대상에 포함했다. 단, 용적률이 180%를 넘는 단지는 재건축 수익성이 낮을 가능성이 크기에 제외했다.

• 대형 병원 근처 단지

500병상 이상을 보유한 전국 70개 대형 병원 반경 500m 내에 있는 단지들을 대상으로 했다.

이 기준에 해당하는 단지들의 매매·전세 시세는 2022년 11월 21일 KB부동산 기준이다. 다만, 앞서 말한 것과 같이 현재가 하락장 초입으로 예상되기 때문에 큰 의미를 둘 필요는 없다. 표로 제시한 매매·전세 시세는 전용면적 84m^2 기준으로 하되, 전용면적 84m^{2}가 없거나 해당 면적의 세대수가 지나치게 적은 단지는 별도의 전용면적을 기준으로 하고 주석을 달았다. 그리고 KB부동산 시세가 없는 경우는 별도로 시세를 기재하지 않았다.

참고 사항

각 단지명 옆에 별 모양(★)을 표시해뒀는데, 앞서 언급한 추천 기준을 몇 개나 충족하는지를 보여준다. 예컨대 '★★'이면 추천 기준을 2개 충족한다는 의미다. 단, 슬세권 단지이긴 하나 주변 쇼핑시설이 연간 매출 5,000억 원에 미치지 못하는 곳은 '★☆'로 표시했다.

　울산은 지하철 및 연 매출 5,000억 원 이상 백화점이 없어 부득이 추천 단지를 선정하지 않았다. 이 점 양해 바란다. 그리고 굳이 학군지 단지들을 넣지 않은 이유는 학군지는 지금도 좋고 앞으로도 좋을 것이기 때문이다. 즉, '앞으로 더 좋아질 단지'에 굳이 넣을 필요성을 느끼지 못했기 때문이니 이 역시 너그러이 이해해주기를 바란다.

출근시간대 하차인원 순위가 높은 역과 순위가 올라가고 있는 역, 연 매출이 5,000억 원 이상인 백화점, 500병상 이상 보유한 병원의 리스트는 다음과 같다.

1. 출근시간대 하차인원 순위가 높은 역
- 서울: 가산디지털단지, 선릉, 강남, 여의도, 역삼
- 부산: 서면, 연산, 센텀시티, 부산역, 중앙
- 대구: 반월당, 동대구, 중앙로, 경대병원, 강창
- 인천: 부평, 동인천, 주안, 제물포, 동암
- 광주: 금남로4가, 광주송정, 남광주
- 대전: 정부청사, 시청, 대전

2. 출근시간대 하차인원 순위가 올라가고 있는 역
- 서울: 여의도, 성수, 구로디지털단지, 공덕, 강남구청, 청담, 신사, 문정

3. 연 매출 5,000억 원 이상 백화점 20개소 (2021년 기준)
- 서울: 신세계 강남점, 롯데 잠실점, 롯데 본점, 현대 무역센터점, 현대 본점, 갤러리아 명품관, 신세계 본점, 현대 목동점, 더현대 서울, 신세계 영등포점
- 경기: 현대 판교점, 갤러리아 광교점, 신세계 경기점
- 부산: 신세계 센텀시티점, 롯데 부산 본점
- 대구: 신세계 대구점, 현대 대구점
- 인천: 롯데 인천터미널점

- 광주: 신세계 광주점
- 대전: 갤러리아 타임월드점

4. 500병상 이상 보유 병원 70개소(2021년 기준)

- 서울: 서울아산병원(2,715), 신촌세브란스병원(2,454), 삼성서울병원(1,997), 서울대병원(1,762), 가톨릭대 서울성모병원(1,356), 고려대구로병원(1,075), 고려대안암병원(1,048), 한양대병원(855), 경희대병원(851), 건국대병원(844), 강남세브란스병원(824), 중앙대병원(803), 보라매병원(765), 이대서울병원(747), 가톨릭대 은평성모병원(744), 순천향대서울병원(725), 이대목동병원(700), 강북삼성병원(695), 강동경희대병원(654), 강동성심병원(618), 한림대강남성심병원(572), 인제대상계백병원(559), 가톨릭대 여의도성모병원(532), 노원을지대병원(531)
- 경기: 분당서울대병원(1,334), 아주대병원(1,259), 분당차병원(884), 가톨릭대 성빈센트병원(880), 한림대평촌성심병원(842), 고려대안산병원(809), 한림대동탄성심병원(800), 가톨릭대 의정부성모병원(714), 인제대일산백병원(651), 동국대일산병원(648), 가톨릭대 부천성모병원(644), 용인세브란스병원(571), 명지병원(고양)(545)
- 부산: 동아대병원(997), 고신대복음병원(950), 인제대해운대백병원(912), 인제대부산백병원(827)
- 대구: 계명대동산병원(1,012), 영남대병원(1,002), 경북대병원(912), 대구가톨릭대병원(874), 칠곡경북대병원(836)

- 인천: 가천대길병원(1,450), 인하대병원(909), 가톨릭대 인천성모병원(867), 가톨릭관동대 국제성모병원(613)
- 대전: 충남대병원(1,329), 건양대병원(836), 가톨릭대 대전성모병원(660), 대전을지대병원(600)
- 광주: 전남대병원(1,078), 조선대병원(849)
- 울산: 울산대병원(998)
- 기타: 양산부산대병원(1,204), 전북대병원(1,132), 순천향대천안병원(899), 경상대병원(893), 원주세브란스기독병원(866), 단국대병원(810), 원광대병원(796), 충북대병원(793), 삼성창원병원(762), 화순전남대병원(684), 제주대병원(655), 강원대병원(643), 창원경상대병원(526)

• 래미안원베일리 ★★★　　• 반포미도1차 ★★★

(단위: 호, 만 원, %)

단지명	세대수	입주연월	매매 시세	전세 시세	용적률
① 래미안원베일리	2,990	2023년 8월	–	–	300
② 반포미도1차	1,260	1987년 6월	266,500	90,000	177

• 래미안원베일리, KB 시세 미등재　• 반포미도1차, 110㎡(전용 84.96㎡) 기준

래미안원베일리는 아크로리버파크에 이어 반포의 새로운 대장 아파트가 될 곳이다. 단지 규모부터 아크로리버파크(1,612세대)의 2배에 가까운(2,990세대) 데다, 아크로리버파크가 9호선(신반포역) 역세권인 반면 래미안원베일리는 9호선(신반포역)뿐 아니라 3·7호선(고속터미널역) 역세권이기 때문이다. 학군을 공유하면서도 연식 측면에서 7년이나 유리하다(아크로리버파크 2016년 준공, 래미안원베일리 2023년 예정). 게다가 국내 최대 매출을 자랑하는 신세계백화점 강남점과도 가까워서 슬세권의 위용도 자랑한다.

단지 외부 경쟁력도 이보다 더할 수 없는 수준이며, 내부 인프라도 충실하기 그지없다. 삼성 에버랜드팀이 내부 조경을 담당했는데, 에버랜드에서 자체 개발해 2021년 국제 장미 콘테스트에서 은상 및 특별상을 받은 '에버로즈'로 구성된 테마정원도 래미안원베일리에 조성됐다. 커뮤니티 역시 한강이 조망되는 스카이브리지가 2개로 구성돼 있으며 도서관 3개, 시니어스클럽 2개, 피트니스, 수영장, 골프연습장, 실내체육관 등 없는 게 없다. 자연스레 반포의 대장 단지가 될 수밖에 없는 셈이다.

반포미도1차는 이전 책에서도 자주 추천한 곳이다. 반포동 내에서 상대적으로 저가인 단지를 추천하는 이유는 따로 있다. 3·7·9호선(고속터미널역) 트리플 역세권인 데다 중장기적으로 더욱 가치가 올라갈 슬세권 및 대형 병원 근처 단지이기도 하기 때문이다. 신세계백화점 강남점까지 도보로 이동할 수 있는 데다 단지 바로 옆에는 가톨릭대학교 서울성모병원이 자리하고 있다.

단지에 인접한 서리풀공원도 고령층에 어필할 수 있는 요소다. 지대가 다소 높은 점은 흠이라고 할 수 있으나, 우수한 재건축 경쟁력(용적률 177%, 전 세대 동일 평형, 17.7평이라는 높은 대지지분)은 반포미도1차의 중장기 경쟁력을 높이는 또 하나의 요소다.

(단위: 호, %)

단지명	세대수	입주연월	매매 시세	전세 시세	용적률
신반포메이플자이	1,260	2024년 12월	–	–	300

• KB 시세 미등재

신반포메이플자이는 신반포 4지구(신반포 한신 8·9·10·11·17차, 녹원한신, 베니하우스 등)를 재건축해 3,307세대의 대규모 신축 단지로 거듭나는 곳이다. 3호선

148

(잠원역)과 7호선(반포역)을 함께 이용할 수 있는 초역세권 단지로, 아파트와 상가인 메이플자이 몰이 잠원역과 지하로 연결돼 초역세권의 장점을 더욱 극대화한다.

신축 대단지인 만큼 커뮤니티 역시 큰 규모로 조성될 뿐 아니라 단지명에서도 알 수 있듯이 캐나다 밴프국립공원을 모티브로 한 메이플 가든 조경에 심혈을 기울일 계획이다. 메이플 가든, 메이플 브리지, 메이플 포레스트, 아일랜드 베이, 로맨틱 라운지, 리치 워터웨이 등 다채로운 조경 환경을 선보일 것으로 기대된다. 이를 위해 GS건설과 에버랜드 조경팀이 협업한다.

신세계백화점 강남점뿐 아니라 반포역 지하를 통해 바로 고속터미널 몰로 연결되며, 킴스클럽 뉴코아 아울렛도 가까운 거리에 있어 생활 편의성도 돋보인다.

• 래미안리더스원 ★

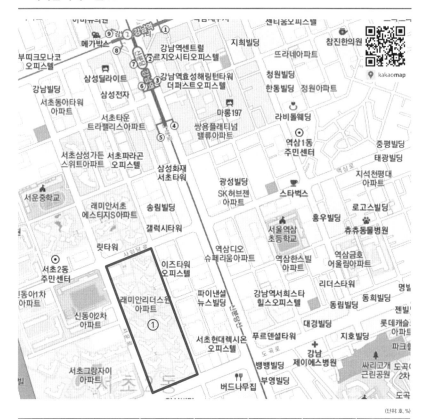

(단위: 호, %)

단지명	세대수	입주연월	매매 시세	전세 시세	용적률
래미안리더스원	1,317	2020년 9월	–	–	299

• KB 시세 미등재

래미안리더스원은 강남역 역세권 단지다. 강남역은 서울에서 세 번째로 출근 시간대 하차인원이 많을 뿐 아니라(2021년 기준) 2위 선릉역, 5위 역삼역, 7위 삼성역에도 1~3개의 정거장 만에 갈 수 있는 직주근접 최강의 경쟁력을 갖고 있는 곳이다. 이 강남역 역세권 중 1,000세대 이상인 신축 단지가 바로 래미안리더스원이다.

래미안리더스원의 최대 강점은 서울 최대 업무지구인 GBD에 인접한 역세권 아파트 단지 중에서 1,000세대 이상 대단지로는 연식이 가장 최신이라는 점이다. 특히 세 정거장 거리에 있는 삼성역에 현대차 GBC가 들어서면 래미안리더스원의 직주근접 경쟁력은 더욱 향상될 것이다. 안 그래도 최강 수준의 직주근접 경쟁력이 더욱 강화되는 셈이다. 인근 롯데칠성 부지 개발도 큰 호재다.

또 하나의 장점은 서초동 독수리 5형제로 불리던 우성1·2·3차와 무지개, 신동아 중 네 곳이 재건축을 마치고 래미안에스티지·에스티지S·리더스원, 서초그랑자이로 거듭나면서(신동아만 남았으며 아크로클라우드파크로 재탄생 예정) 이곳 일대가 신축 대단지로 탈바꿈했다는 점이다. 이는 학군의 균질성을 강화해 이 단지의 학생들이 다니는 서이초와 서운중의 경쟁력을 더욱 높이는 시너지 효과를 가져올 것으로 예상된다. 또한 최초로 중·석식을 운영하는 커뮤니티도 실거주 만족도를 크게 올리는 요소다.

• 청담르엘 ★

(단위: 호, %)

단지명	세대수	입주연월	매매 시세	전세 시세	용적률
청담르엘	1,261	2025년 8월	–	–	300

• KB 시세 미등재

청담르엘은 청담삼익아파트를 재건축하는 단지로 888세대가 지하 4층부터 지상 35층까지 9개 동, 1,261세대로 탈바꿈되는 곳이다. 현재 이주 및 철거가 완료됐으며, 2017년 11월 관리처분인가를 받아 재건축 초과이익환수제도 피했다.

청담르엘의 장점은 7호선(청담역) 역세권이고 한강을 볼 수 있으며 올림픽 대로와 동부간선도로, 영동대교와 청담대교에 인접해 교통 편의성이 좋다는 것만이 아니다. 삼성역 주변에는 영동대로 지하공간 복합개발 및 현대차 GBC 건축 등 대규모 자본이 투입되고 있어 '개발이 완료되면 강남의 중심이 동진한다'라는 평가를 받을 정도다. 현대차 GBC 반경 1km 이내에 신축으로 거듭날 단지가 청담르엘과 잠실우성1·2·3차뿐이라는 사실이 눈길을 끈다.

게다가 재건축 진척 현황으로 볼 때, 청담르엘이 많이 앞서고 있기 때문에 당분간 GBC 주변 단지 중에서 신축 효과를 누릴 유일한 단지라는 희소성도 매우 큰 강점이다. 한강 조망이 가능한 '강남구 신축 대단지'라는 사실도 청담르엘이 상당히 장기간 누릴 수 있는 장점이다.

• 래미안대치팰리스 ★ • 개포우성1·2차 ★ • 선경1·2차 ★

(단위: 호, 만 원, %)

단지명	세대수	입주연월	매매 시세	전세 시세	용적률
① 래미안대치팰리스	1,608	2015년 9월	320,000	210,000	258
② 개포우성1·2차	1,140	1983년 12월	295,000	120,000	178
③ 선경1·2차	1,034	1983년 12월	292,500	117,500	179

• 래미안대치팰리스1단지, 113A㎡(전용 84.97㎡) 기준 • 개포우성1·2차, 102㎡(전용 84.81㎡) 기준
• 선경1·2차, 101A㎡(전용 94.89㎡) 기준

래미안대치팰리스는 대한민국 학군 1번지 대치동 내에서도 연식 10년 미만
에 1,000세대가 넘는 '유일한' 신축 대단지다. 그만큼 입지 경쟁력이 강하다
고 할 수 있다.

전세가율이 70%에 육박한다는 점에서도 알 수 있듯이, 다른 리딩 단지들보다 실거주 수요가 매우 강한 곳이다. 대치동 내에 있는 재건축 단지들인 우선미(우성, 선경, 미도) 및 은마아파트의 재건축 진척이 아직 초기 단계여서 래미안대치팰리스의 희소성(대치동 내 신축 대단지)은 장기간 유지될 것이다.

대치동에서 이른바 '우선미' 아파트로 불리는 우성, 선경, 미도 중에서 우성과 선경을 추천하는 이유는 수인분당선(도곡역) 역세권 단지여서다. 도곡역을 통해 두 정거장 만에 출근시간대 하차인원 2위를 기록한 선릉역에 도달할 수 있다. 그러나 미도 역시 대치역 역세권 단지로, 도곡역까지 이동 후 수인분당선으로 갈아타서 선릉역으로 빠르게 갈 수 있다. 추천 기준에 부합하지 않아서 제외했을 뿐, 좋은 단지임에는 틀림없다.

개포우성과 선경은 당분간 힘든 상황에 처할 수 있다. 이는 앞서 언급한 반포미도1차에도 해당하는데, 하락장에서는 재건축 아파트 단지의 타격이 클수도 있기 때문이다. 하락장에서는 투자 수요가 급감하는데 재건축 아파트는 실거주 수요보다 투자 수요가 더 강해서 투자 수요의 감소로 타격을 더 받게된다고 앞서 설명했다. 다만 입지가 워낙 좋아서 낙폭이 과대하거나 하락장 후반부 또는 상승 전환 1년 시점에 매수하는 역발상을 시도할 만하다. 이 중에서도 재건축 진척이 조금이라도 앞선 곳을 고르는 게 좋다.

(단위: 호, %)

단지명	세대수	입주연월	매매 시세	전세 시세	용적률
디에이치퍼스티어아이파크	6,702	2023년 11월	–	–	249

• KB 시세 미등재

디에이치퍼스티어아이파크는 개포주공1단지를 재건축한 단지로 조합원은 2023년 11월, 일반 분양자는 2024년 1월 입주 예정이다. 지도상으로도 압도적인 규모를 느낄 수 있는데 완공 시 6,702세대가 입주하게 돼 강남구에서는 최대 규모 단지의 신축으로 이름을 날릴 것으로 보인다.

수인분당선(구룡역)을 통해 세 정거장 만에 선릉역에 도달할 수 있어 직주근접 경쟁력도 갖췄다. 그 규모만큼이나 커뮤니티 시설도 다양함을 자랑하는데, 특히 10개 레인의 실내수영장, 4개 레인의 볼링장이 눈에 띈다. 그 외에도 피트니스, GX, 필라테스, 실내체육관, 골프연습장, 사우나 시설, 독서실 등이 들어서며 상가도 소형 백화점 수준의 규모를 자랑한다.

규모의 이점은 여기서 그치지 않는다. 단지 내에 2개의 초등학교(개원초, 신설)와 1개의 중학교(개포중)가 들어서며 길 하나 건너면 고등학교(개포고)가 있어 취학 연령의 자녀를 둔 가정의 실수요도 기대된다.

• 디에이치자이개포 ★

(단위: 호, %)

단지명	세대수	입주연월	매매 시세	전세 시세	용적률
디에이치자이개포	1,996	2021년 7월	–	–	336

• KB 시세 미등재

디에이치자이개포는 개포공무원아파트8단지를 재건축해서 지어진 아파트 단지로, 단지명에 '자이'가 들어가 있으나 사실상 현대건설 단독 시공이다. 다른 개포 재건축 단지들에 비해 용적률(336%)이 높은 편인데, 역 중심으로부터 반경 500m 내에 있어 역세권 장기전세주택지로 지정받으면서 용적률 혜택을 받았기 때문이다.

2,000세대에 육박하는 대단지답게 커뮤니티 시설도 충실한데 조경 역시

관련 분야 최고 순위에 해당하는 한국디자인진흥원장상을 받았을 정도로 수려함을 자랑한다.

디에이치자이개포는 수인분당선(대모산입구역) 초역세권 단지이지만 대모산입구역에서 선릉역까지는 다섯 정거장으로, 내가 추천 기준으로 정한 직주 근접 경쟁력(출근시간대 하차인원이 많은 상위 5개 역에 세 정거장 내에 도달할 수 있는 역세권 단지)에는 미치지 못한다. 다만, 대형 병원 근처 신축 대단지 기준에 부합해 추천 단지에 포함했다. 반경 500m 내에 삼성서울병원이 있어 부유한 고령층에 매력을 충분히 어필할 수 있는 단지로 꼽힌다. 인근에 중동중, 중동고가 있어 남학생이 있는 가정의 인기도 끌 수 있는 신축 대단지다.

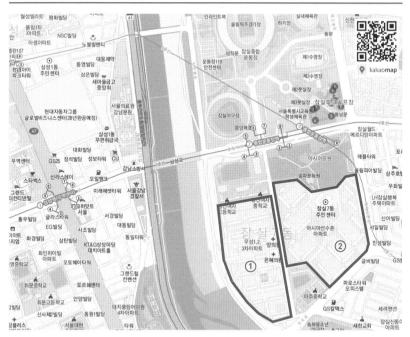

(단위: 호, 만 원, %)

단지명	세대수	입주연월	매매 시세	전세 시세	용적률
① 잠실우성1·2·3차	1,842	1981년 12월	189,500	66,500	170
② 아시아선수촌	1,356	1986년 6월	295,000	105,000	152

• 잠실우성1·2·3차, 86A㎡(전용 80.35㎡) 기준 • 아시아선수촌, 124A㎡(전용 99.38㎡) 기준

국제교류복합지구는 코엑스와 잠실종합운동장을 잇는, 199만 제곱미터에 달하는 지역을 대규모로 개발하는 사업이다. 현대차 GBC 및 영동대로 복합 환승센터 건립, 서울올림픽 주경기장 리모델링, 잠실야구장 및 학생체육관 철거 후 신축, 전시·컨벤션센터 및 마리나·수영장·상업시설·숙박시설 건립 등

이 골자로 대규모 자본이 투입될 예정이다. 특히 현대차 공공기여금이 재원의 일부로 확보돼 사업성을 담보하고 있다.

이 국제교류복합지구 개발의 최대 수혜 단지로 꼽히는 곳이 바로 잠실우성 1·2·3차, 아시아선수촌, 잠실엘스다. 게다가 2호선(종합운동장역)을 이용해 출근시간대 하차인원 7위 삼성역, 2위 선릉역, 5위 역삼역에 1~3개 정거장이면 갈 수 있어 직주근접 경쟁력이 우수하다. 다만 이 책에서는 1,000세대 이상의 규모이면서 입주한 지 10년 이내인 신축 단지 또는 재건축 후 1,000세대 이상이 될 단지를 대상으로 하는데(단, 용적률 180% 이하) 잠실엘스가 이 기준에 부합하지 않아 추천 단지에서 제외했을 뿐, 국제교류복합지구의 직접적 수혜 단지로 거론되기에 부족함이 없다.

잠실우성1·2·3차는 추진위원회를 꾸린 지 15년 만인 2021년 6월 재건축 조합 설립이 승인됐으며 2,680세대 규모의 대형 단지로 거듭날 예정이다. 32평의 대지지분이 16.17평으로 나쁘지 않은 조건이다. 2022년 4월 건축 계획을 변경해 세대수를 2,716가구에서 2,680가구로 줄였는데 이는 대형 가구 수를 늘렸기 때문이다.

아시아선수촌은 옛날부터 부촌으로 명성을 날린 단지다. 구축인 만큼 세대당 주차대수나 커뮤니티 시설이 부족하다는 단점은 있으나, 동 간 간격이 넓어 쾌적하며 단지가 조용하고 아시아공원을 단지 정원처럼 누릴 수 있다는 장점이 있다.

잠실우성1·2·3차와 아시아선수촌은 서울 지하철의 황금노선인 2·9호선 역세권 단지로, 기본적인 입지가치가 매우 우수한 데다 인근 개발 계획의 수혜도 예상되므로 신축으로 거듭나면 위용이 대단할 것이다. 다만 재건축 사업이 아직 초기 단계인 만큼 장기적인 관점으로 접근해야 한다.

(단위: 호, 만 원, %)

단지명	세대수	입주연월	매매 시세	전세 시세	용적률
① 잠실주공5단지	3,930	1978년 4월	232,500	59,000	138
② 미성크로바 (가칭 잠실르엘)	1,888	2025년(미정)	–	–	300

• 잠실주공5단지, 112A㎡(전용 76.49㎡) 기준   • 미성크로바, KB 시세 미등재

잠실주공5단지는 중층 재건축 단지로는 이채롭게도 용적률이 138%에 불과
해 재건축 조건이 우수하다. 34평의 대지지분이 22.53평에 이른다. 34평을
소유할 경우 재건축 시 40평대 무상 분양에 환급금까지 발생할 수 있다는 주
장이 나오는 이유다. 재건축 시 3,930세대가 6,815세대로 확대돼 디에이치

퍼스티어아이파크와 동등한 수준의 대규모 단지로 탈바꿈된다. 박원순 전 서울시장의 규제로 재건축 진행이 매우 더뎠으나, 2022년 2월 잠실주공5단지 재건축 정비계획 변경 및 경관심의안이 수정 가결됨으로써 지상 최고 50층까지 짓겠다는 계획이 통과돼 사업 진척에 탄력을 받게 됐다.

50층 동을 지을 수 있다는 것만으로도 희소성이 돋보이는데, 입지상으로도 잠실역 초역세권인 데다 롯데백화점 잠실점을 대로 하나만 건너면 갈 수 있어 슬세권 단지로도 유망하다. 다만 당초 단지 내 신천초등학교를 이전하는 대신 초등학교 2개와 중학교를 새로 설립하는 기부채납을 진행할 예정이었으나 신천초 부지가 서울시 교육청이 아닌 교육부 소유의 국유지라는 점이 문제가 돼 학교 부지 교환이 불가하다는 기재부 방침에 따라 재건축 사업에서 또 다른 암초를 만났다. 조합이 유관부서와 협의를 하고 있는데, 이 사안의 해결 여부가 재건축 사업 진행에 매우 중요한 체크 포인트다.

미성크로바도 8호선(잠실역) 역세권인 데다 롯데월드타워의 인프라를 가까운 거리에서 즐길 수 있는 슬세권 단지다. 롯데 입장에서 '잠실'은 상징적인 의미가 있을 수밖에 없는데, 롯데에서 재건축 수주를 해 하이엔드 브랜드인 '르엘'을 부여할 만큼 심혈을 기울여 만들 것으로 기대된다. 2019년 6월 이주가 완료됐음에도 설계안을 확정하지 못해 착공이 미뤄져 왔으나 스카이브리지와 커뮤니티 라운지, 커튼월, 중앙공원과 실내체육관 등이 구비된 건축 계획이 2021년 8월 서울시 심의를 통과했다. 2022년 착공, 2025년 준공을 목표로 한다. 완공 시 무려 17년 만에 잠실에 신축 아파트가 들어서는 것이므로, 오랫동안 기다려온 신축 수요를 최대한 흡수할 것으로 기대된다.

• 헬리오시티 ★

(단위: 호, 만 원, %)

단지명	세대수	입주연월	매매 시세	전세 시세	용적률
헬리오시티	9,510	2018년 12월	190,000	101,677	285

• 110D㎡(전용 84.99㎡) 기준

헬리오시티는 우리나라에서 가장 많은 세대수를 자랑하는 최대 규모 단지다. 가락시영을 재건축해 2018년 12월에 입주를 시작한 단지인데 규모의 이점이 적지 않다.

우선 단지 정중앙을 관통하는 공원(파크밴드)의 길이가 무려 1km에 달해 산책을 하러 단지 외부로 나갈 필요가 없다. 국공립 어린이집만 7개나 있으며 6개 레인의 수영장을 위시한 커뮤니티 시설도 방대함을 자랑한다. 인근 가락시장도 리모델링을 마친 지 오래돼 과거와 같은 혐오 시설 분위기는 느껴지지 않으며, 오히려 헬리오시티의 생활 편의성을 돋보이게 하는 요소가 됐다.

입지상으로도 8호선(송파역)을 통해 잠실역뿐 아니라 출근시간대 하차인원 순위가 급격히 올라가고 있는 문정역까지 단 두 정거장 만에 갈 수 있다는 장점이 있다. 문정역은 문정비즈밸리 및 법조타운이 조성되면서 유동인구가 크게 늘어 상전벽해를 이뤘다고 할 만한 모습인데, 이것이 헬리오시티의 직주근접 경쟁력을 더욱 높여줬다.

또한 단지 지하 주차장과 송파역이 지하로 연결돼 태풍이 오더라도 우산 없이 롯데월드, 코엑스, 현대차 GBC까지 갈 수 있다. 위례신사선이 완공되면 강남 접근성도 대폭 개선될 것이다.

• 송파파크하비오푸르지오 ★☆

(단위: 호, 만 원, %)

단지명	세대수	입주연월	매매 시세	전세 시세	용적률
송파파크하비오 푸르지오	999	2016년 9월	156,500	91,000	599

• 115A㎡(전용 84.97㎡) 기준

송파파크하비오푸르지오는 문정비즈밸리 및 법조타운 조성으로 가장 직접
적인 수혜를 보는 신축 단지다. 문정역의 출근시간대 하차인원 순위는 굉장히

드라마틱하다. 2015년 241위, 2016년 140위, 2017년 68위, 2018년 49위, 2019년 45위, 2020년 35위, 2021년 29위. 그야말로 수직 상승이다. 그만큼 문정비즈밸리와 법조타운 조성이 미친 영향이 크다는 뜻인데, 이곳과 가장 가까운 신축 단지가 바로 송파파크하비오푸르지오다.

이런 직주근접 수요 외에 파크하비오의 또 다른 장점은 높은 실거주 편의성에 있다. 단지 주변에 이마트, 킴스클럽, NC백화점 송파점뿐만이 아니라 CGV·메가박스 등 영화관에다 스타벅스만 세 군데가 있다. 거기에 서울 내 최대 규모의 실내 워터파크인 워터킹덤도 있어서 한여름에 집 앞 워터파크에서 노는 호사를 누릴 수 있다.

송파파크하비오 오피스텔이 송파대로변에 있어 소음을 차단해주고, 인근에 소리공원·글샘공원 등 녹지가 풍부하다는 장점도 있다. 그 밖에 세대별 창고가 층마다 또는 지하에 마련돼 있어 집 안에 들여놓지 못한 짐들을 보관할 수도 있다. 헬리오시티와 마찬가지로, 위례신사선이 완공되면 다소 취약했던 강남 접근성도 개선될 것이다.

• 고덕그라시움 ★

(단위: 호, 만 원, %)

단지명	세대수	입주연월	매매 시세	전세 시세	용적률
고덕그라시움	4,932	2019년 9월	160,500	80,000	249

• 114A㎡(전용 84.24㎡) 기준

고덕그라시움을 추천 단지에 올린 것은 직주근접 경쟁력이 좋거나 슬세권 단지라서가 아니라 500병상 이상의 대형 병원에 해당하는 강동경희대병원이 반경 500m 안에 있기 때문이다. 지도에서 보듯 대형 병원 외에도 풍부한 녹지의 존재는 건강에 관심 있는 수요층을 끌어들일 만한 요소다.

그 외에도 고덕그라시움에는 두 가지 큰 호재가 있다. 첫째는 2028년에 9호선(고덕역)이 완공되면 5·9호선의 더블 역세권이 된다는 점이다. 9호선이 2호선과 더불어 도심으로 직결되는 서울의 양대 황금노선이라고 볼 때, 9호선 연장 노선 완공은 고덕그라시움에 작지 않은 호재다. 둘째는 고덕비즈밸리 조성이다. 고덕비즈밸리는 고덕그라시움 북쪽 일대 23만 제곱미터 부지에 이케아를 비롯한 복합쇼핑몰, 업무시설, 연구개발센터 등이 들어서는데 위치와 거리상 고덕그라시움에 가장 큰 호재다.

고덕의 입지 경쟁력은 그동안 학군과 녹지에서 찾을 수 있었고, 직주근접 측면에서는 약세를 면치 못했다. 그런데 9호선 및 고덕비즈밸리 완공 시 이런 약점을 상쇄할 수 있다는 측면에서 눈여겨볼 가치가 있다.

・삼부 ★★　・시범 ★

(단위: 호, 만 원, %)

단지명	세대수	입주연월	매매 시세	전세 시세	용적률
① 삼부	866	1975년 12월	217,500	68,000	164
② 시범	1,584	1971년 12월	180,000	43,500	146

・삼부, 92㎡(전용 77.69㎡) 기준　・시범, 79㎡(전용 79.24㎡) 기준

삼부는 출근시간대 하차인원 4위에 해당하는 여의도역까지 한 정거장 만에 갈 수 있는 여의나루역 역세권 단지일 뿐만 아니라, 대로 하나만 건너면 연간 매출이 5,000억 원 이상인 더현대 서울점에 갈 수 있는 슬세권 단지다. 현재는 1,000세대에 미치지 못하는 규모이지만 재건축이 완료되면 1,000세대를 넘길 것으로 예상돼 추천 단지에 포함했다.

파크원은 지상 69층 및 53층 타워 2개 동과 8층 백화점, 31층 호텔 등으로 구성된 대규모 복합시설로 LG트윈타워와 IFC몰 사이에 있다. 2조 1,000억 원이 투입돼 2020년 7월 완공됐고 연면적이 축구장 88개 크기에 해당하는 63만 제곱미터에 이르는 대형 시설인데, 이 새로운 랜드마크가 삼부 옆에 세워졌다. 자연스레 삼부의 입지 경쟁력이 크게 높아졌다.

시범은 삼부처럼 역세권이거나 슬세권 단지는 아니지만 가톨릭대학교 여의도성모병원이 단지 옆에 있어 대형 병원 근처라는 추천 기준에 부합한다. 게다가 단지 규모가 여의도 내에서 가장 커서 규모의 경제도 기대된다.

삼부와 시범은 용적률에서도 보다시피 재건축 조건이 양호한 편인데, 대지지분을 보면 삼부 38평의 대지지분은 21.7평, 시범 36평의 대지지분은 21.1평으로, 재건축 시 동일 평형을 분양받을 경우 추가분담금이 들지 않을 수준이다. 신속통합기획(신통기획)이란 공공이 민간과 협의하에 각종 계획과 절차를 지원해 사업 기간을 크게 단축하는 대신 공공주택 기부채납 비율을 높여 공공성을 확보하는 방안인데, 시범에 이어 삼부도 신통기획 대상지로 선정돼 빠른 사업 전개가 기대된다. 여의도 초·중·고교 등 학군도 공유하는 두 단지가 하루빨리 여의도의 새로운 랜드마크로 탈바꿈되기를 기대한다.

• 아크로타워스퀘어 ★☆

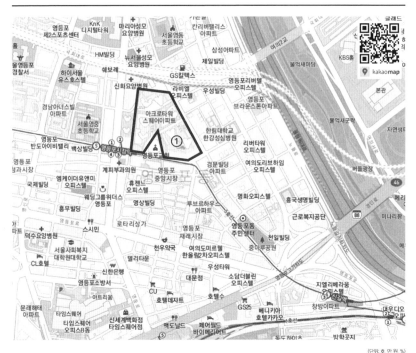

(단위: 호, 만 원, %)

단지명	세대수	입주연월	매매 시세	전세 시세	용적률
아크로타워스퀘어	1,221	2017년 8월	162,000	98,500	369

• 115B㎡(전용 84.65㎡) 기준

아크로타워스퀘어는 5호선(영등포 시장역) 초역세권 단지로 두 정거장만 가면 출근시간대 하차인원 4위인 여의도역까지 갈 수 있는, 직주근접 경쟁력이 우수한 단지다. 5호선을 타고 아홉 정거장 가면 광화문역도 갈 수 있다. 여의도 아파트 단지들이 언제 신축으로 거듭날지 아직 모르는 상황에서 아크로타워스퀘어는 신축에 목말라 있는 여의도 직장인들의 구미를 당길 만하다.

　내 추천 기준인 연간 매출 5,000억 원 이상인 백화점, 500병상 이상의 대형 병원은 아니지만 타임스퀘어, 롯데백화점 등 쇼핑시설과 한림대학교 한강성심병원이 인근에 있다는 사실도 장점이다. 다만, 단지 인근에 중·고등학교가 없어 통학이 불편하다는 점과 주변 환경이 아직 정비가 덜 됐다는 점은 단점으로 꼽힌다.

• 아크로리버하임 ★

(단위: 호, 만 원, %)

단지명	세대수	입주연월	매매 시세	전세 시세	용적률
아크로리버하임	1,073	2019년 12월	219,000	112,500	205

• 112C㎡(전용 84.75㎡) 기준

아크로리버하임은 9호선(흑석역) 초역세권 단지로 출근시간대 하차인원 4위
인 여의도역까지 네 정거장 만에 도달할 수 있다. 내 직주근접 단지 추천 기준
은 '출근시간대 하차인원 5위 안의 역까지 세 정거장 만에 도착'하는 것이므

로 여기에는 살짝 미치지 못한다. 그러나 추천 기준과 불과 한 정거장 차이이므로 사실상 대동소이하다고 할 수 있고, 9호선 초역세권이라는 입지가 갖는 장점이 작지 않아 추천 단지에 포함했다.

아크로리버하임은 반경 500m 안에 중앙대학교병원이 있어 또 다른 추천 기준에는 부합한다. 신축임에도 용적률이 205%에 불과한 쾌적함과 고급스러운 커뮤니티 시설, 상당히 많은 동·호수에서 한강 조망이 가능하다는 것 역시 큰 장점이다. 주변이 아직 정비되지 않았고 대형 쇼핑시설이 없다는 점은 단점이라고 할 수 있다.

(단위: 호, 만 원, %)

단지명	세대수	입주연월	매매 시세	전세 시세	용적률
목동7단지	2,550	1986년 11월	173,500	62,000	125

• 89A㎡(전용 66.60㎡) 기준

목동7단지는 목동 재건축 단지 중 단연 대장이라고 할 만한 곳이다. 5호선(목동역) 초역세권이라는 입지 조건을 톡톡히 누렸는데 인근에 학원가, 기업 사옥, 백화점, 대형 마트 등이 조성되면서 대장 아파트 자리로 뛰어올랐다. 그 덕분에 목운초, 목운중이 명문으로 발전하는 선순환 효과도 누렸다.

용적률이 125%에 불과한 데다 27평 대지지분이 19평을 웃돌아 재건축 사업성도 매우 우수하다. 27평에서 신축 34평을 받는다고 해도 추가분담금이 없을 정도로 높은 대지지분을 갖고 있는 셈이다.

사실 목동7단지가 추천 단지에 오른 이유는 인근 현대백화점 목동점이 연매출 5,000억 원이 넘는 점포이기 때문인데, 앞서 이야기했듯이 5호선 초역세권에 주변 인프라와 학군이 우수하며 재건축 사업성이 뛰어나다는 점도 간과할 수 없는 장점이라고 하겠다.

그리고 2022년 10월 9일 서울시가 도시건축공동위원회에서 목동 지구단위계획구역 결정 및 변경안을 수정 가결하고 확정 고시함으로써 4년 만에 재건축 절차를 재개한 점도 목동 신시가지 아파트 단지들에 작지 않은 호재다. 7단지 역시 다시 사업 추진에 속도를 낼 것으로 보이는 만큼 하락장 속에서 진척 상황을 챙겨봐야 한다.

• 목동1·5·6단지 ★

(단위: 호, 만 원, %)

단지명	세대수	입주연월	매매 시세	전세 시세	용적률
① 목동1단지	1,882	1985년 11월	157,500	68,000	123
② 목동5단지	1,848	1986년 8월	178,500	71,000	116
③ 목동6단지	1,368	1986년 11월	167,000	69,500	139

• 목동1단지, 88B㎡(전용 65.34㎡) 기준 • 목동5단지, 84㎡(전용 65.08㎡) 기준
• 목동6단지, 88㎡(전용 65.10㎡) 기준

목동1·5·6단지도 7단지와 마찬가지 상황이다. 27평의 대지지분이 각각 20.3평, 19.1평, 17.8평으로 7단지와 유사한 수준일 만큼 재건축 사업성이 우수하다. 목동1·5·6단지를 추천한 것은 700병상 규모의 이대목동병원이 단지 인근에 있기 때문이지만, 재건축 사업성 역시 뛰어나다는 장점이 있다.

1단지는 27평 기준 대지지분이 가장 많다는 것이 장점이며, 5·6단지는 양정중·양정고와 가까워 남학생이 있는 가정의 수요가 많은 데다 5단지 앞에 학원가가 조성돼 있다는 것도 장점이다. 그중에서도 6단지는 목동 신시가지 1~14단지 중 유일하게 안전진단 절차를 통과했기에 지구단위계획 확정 후 가장 먼저 치고 나갈 가능성이 있다. 특히 최근 신통기획 대상지로 확정됨으로써 사업 진척에 속도가 붙게 됐다는 점도 기대된다.

전체적으로는 집값 상승을 자극할 수 있다는 우려 때문에 지구단위계획 확정에 미온적이었던 서울시가 부동산 시장이 하락장으로 전환되자 서둘러 지구단위계획을 확정해준 것이 목동 단지들에 호재로 작용할 전망이다. 이제 사업에 속도를 내는 것은 각 단지의 몫이다.

• 신길센트럴자이 ★ • 힐스테이트클래시안 ★ • 래미안에스티움 ★

(단위: 호, 만 원, %)

단지명	세대수	입주연월	매매 시세	전세 시세	용적률
① 신길센트럴자이	1,008	2021년 4월	158,000	82,500	266
② 힐스테이트클래시안	1,476	2020년 10월	–	–	255
③ 래미안에스티움	1,722	2017년 4월	161,000	85,000	252

• 신길센트럴자이, 112A㎡(전용 84.98㎡) 기준 • 힐스테이트클래시안, KB 시세 미등재
• 래미안에스티움, 114B㎡(전용 84.97㎡) 기준

신길뉴타운은 그동안 지역 이미지가 좋은 편은 아니었으나 신축 대단지의 잇
따른 입주로 이미지가 일신된 곳 중 하나다. 그 안에서도 규모 면에서 가장 눈
에 띄는 단지가 신길센트럴자이, 힐스테이트클래시안, 래미안에스티움이다.
모두 7호선(신풍역) 역세권 단지로 출근시간대 하차인원 1위인 가산디지털단지역까지 세 정거장 만에 갈 수 있는, 직주근접 경쟁력을 갖춘 곳이다. 또한 신안산선이 개통되면 신풍역에서 여의도역까지 세 정거장 만에 갈 수 있어 직주근접 경쟁력이 더욱 강화될 곳이기도 하다.

신안산선 신풍역 역사는 7호선 신풍역보다 서쪽으로 200m가량 떨어진 대영초교 교차로에 자리할 예정으로, 나머지 두 단지보다 상대적으로 가까운 곳에 있는 신길센트럴자이가 최대 수혜를 볼 전망이다. 단지 바로 앞에 대영초·중·고가 있다는 점도 작지 않은 장점이다. 다만 학원가와 상권이 약하다는 단점이 있는데, 이는 신길뉴타운 전체의 약점이기도 하다.

힐스테이트클래시안은 단지 내외의 인프라가 대체로 충실하다. 단지 곳곳에 적절한 조경 및 휴게공간이 배치돼 있으며, 단지 바깥으로는 맞은편에 스타벅스가 있고 지하 2층부터 지상 5층까지 7개 층 규모의 신길문화체육도서관이 2023년 12월에 완공된다.

래미안에스티움은 래미안 브랜드에다 신길뉴타운에서 가장 규모가 큰 단지인 만큼 신길뉴타운의 대장 아파트로 손색이 없다. 신풍로 쪽으로 단지 상가가 쭉 이어져 있어서 지하 주차장에서 바로 상가로 나갈 수 있다. 단지 내부에 1km에 이르는 산책로가 조성돼 있고 서울의 아파트 단지라고 믿기 어려울 만큼 단지 안이 조용한 곳이기도 하다. 단지 바로 앞의 남서울아파트도 하이엔드 브랜드인 써밋으로 재건축될 예정이므로 단지 주변 환경이 개선되는 효과도 기대된다.

• 마곡엠밸리7단지 ★

(단위: 호, 만 원, %)

단지명	세대수	입주연월	매매 시세	전세 시세	용적률
마곡엠밸리7단지	1,004	2014년 6월	162,500	72,000	238

• 109B㎡(전용 84.95㎡) 기준

마곡엠밸리7단지는 마곡엠밸리1~15단지 중 입지가 가장 좋은 단지다. 출근 시간대 하차인원 순위가 올라가고 있는 공덕역까지 공항철도로 세 정거장 만에 갈 수 있는 마곡나루역 역세권 단지이기도 하다. 기본적으로 마곡에 입주하는 기업의 상근 인원이 17만 명 수준까지 증가할 것으로 예상되는데, 이 지역의 아파트 세대수는 1만 호를 약간 넘는 수준이기 때문에 직주근접 차원에서 경쟁력이 있다고 판단된다.

또한 마곡엠밸리7단지는 마곡 입주 기업의 핵심인 LG사이언스파크에 가장 가까운 대형 단지인 데다 9호선, 공항철도(마곡나루역), 5호선(마곡역) 트리플 역세권 단지로 마곡 지역의 대장 아파트로 손색이 없는 입지 경쟁력을 갖췄다.

게다가 초대형 상업·업무시설인 르웨스트 및 원웨스트가 마곡나루역과 마곡역 앞 부지에 각각 건설 중이어서 이 시설물이 완공되는 2024년 이후 마곡은 또 한 번 도약할 것으로 예상된다. 이 호재의 직접적 수혜를 보는 곳 역시 마곡엠밸리7단지라는 사실이 이 단지의 미래를 기대하게 한다.

• e편한세상서울대입구1차 ★

(단위: 호, 만 원, %)

단지명	세대수	입주연월	매매 시세	전세 시세	용적률
e편한세상서울대입구1차	2,050	2019년 6월	123,500	77,500	230

• 115B㎡(전용 84.93㎡) 기준

e편한세상서울대입구1차는 출근시간대 하차인원 순위가 올라가고 있는 구
로디지털단지역까지 2호선을 통해 세 정거장 만에 갈 수 있는 봉천역 역세권

단지다. 다소 경사가 있다는 것과 주변 개발 계획이 미진하다는 것은 부인할 수 없는 단점이다.

그러나 세 정거장 만에 갈 수 있는 구로디지털단지역만 생각할 것이 아니라 강남역까지도 일곱 정거장 만에 갈 수 있으며, 브랜드 신축 단지로는 가격 경쟁력이 있는 편이라는 점도 염두에 둘 만하다. 신축에 살고 싶어 하는 GBD 근무자 수요층에 어필할 수 있는 부분이 있다는 뜻이다. 그런 점이 다소 높은 전세가율로도 나타나고 있다. 초등학교와 고등학교가 단지 앞과 옆에 있다는 점, 단지 뒤에 청룡산이 있어 쾌적하다는 점도 장점이다.

• 금천롯데캐슬골드파크1·3차 ★

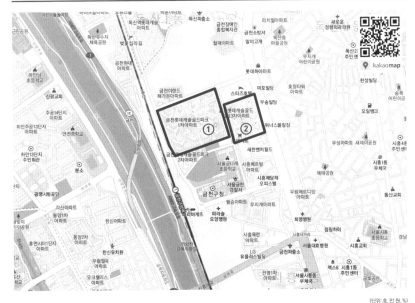

(단위: 호, 만 원, %)

단지명	세대수	입주연월	매매 시세	전세 시세	용적률
① 금천롯데캐슬골드파크 1차	1,743	2016년 11월	122,000	68,500	297
② 금천롯데캐슬골드파크 3차	1,236	2018년 10월	130,000	70,000	499

• 금천롯데캐슬골드파크1차, 115A㎡(전용 84.81㎡) 기준
• 금천롯데캐슬골드파크3차, 119㎡(전용 84.40㎡) 기준

금천롯데캐슬골드파크는 금천구의 랜드마크 대단지다. 1·3차와 달리 2차를 추천 단지에 넣지 않은 이유는 세대 규모가 1,000가구에 미치지 못해서다. 그러나 사실상 하나의 단지로 봐도 무방한 수준이다. 금천롯데캐슬골드파크 1·3차는 1호선(금천구청역) 역세권 단지로, 두 정거장만 가면 출근시간대 하차

인원 1위인 가산디지털단지역으로 갈 수 있다. 이뿐 아니라 시흥사거리에 신안산선(시흥사거리역)이 개통되면 여의도역까지도 일곱 정거장 만에 갈 수 있다. 직주근접 경쟁력이 추가로 개선되는 것이다.

인근에 중·고등학교가 없다는 점은 작지 않은 단점이나, 생활 편의성은 굉장히 우수하다. 단지 바로 앞에 금천구청과 금천경찰서가 있어 관공서 수요가 있으며, 초등학교(금나래초)를 단지가 끼고 있는 듯한 모습으로 근접해 있는데 금천롯데캐슬골드파크1·2·3차 거주 자녀가 모두 다니고 있어 학군의 균질성이 확보됐다.

또한 3차 단지 밑에 롯데마트가 있어 생필품 쇼핑이 매우 용이하며, 금나래 문화체육센터가 1차 단지 안에 있는 꼴이라 체육시설과 수영장을 이용하기도 수월하다. 이런 생활 편의성이 금천롯데캐슬골드파크의 큰 장점이라고 할 수 있다.

• 힐스테이트뉴포레 ★

(단위: 호, %)

단지명	세대수	입주연월	매매 시세	전세 시세	용적률
힐스테이트뉴포레	1,143	2022년 9월	–	–	405

• KB 시세 미등재

힐스테이트뉴포레는 우여곡절이 많은 단지다. 1974년에 준공된 강남아파트가 재건축 사업을 진행하기 위해 1995년 조합을 설립했다. 이후 2001년 재난위험시설로 지정돼 거주에 부적합한 상황까지 몰려 재건축이 시급했다. 그러나 낮은 사업성과 부동산 경기 침체로 시공사만 네 번이나 교체되는 등 사업 추진이 좌초될 위기에 처했다. 그러다가 SH공사가 공동 사업 시행에 참여하면서 용적률을 높이는 대신 임대주택을 공급해 공공성을 확보하는 방식으로 사업을 진행한 끝에 2022년 9월 힐스테이트뉴포레라는 이름으로 신축 1,143세대 단지를 완공했다.

출근시간대 하차인원 순위가 올라가고 있는 구로디지털단지역 역세권 단지에다 최신축이라는 장점을 갖고 있는 힐스테이트뉴포레는 신안산선(구로디지털단지역)이 개통되면 더블 역세권이 되고, 여의도역까지도 다섯 정거장 만에 갈 수 있어 추가적인 입지 개선이 기대된다. 다만 인근에 중·고등학교가 없다는 점은 아쉬운 부분이다.

• 용산센트럴파크 ★☆

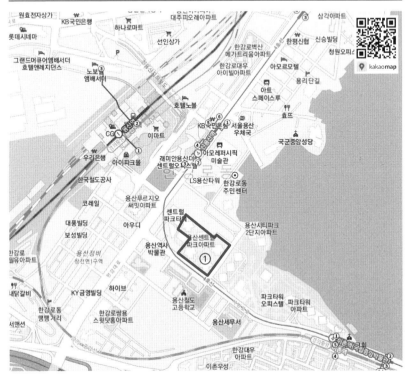

(단위: 호, %)

단지명	세대수	입주연월	매매 시세	전세 시세	용적률
용산센트럴파크	1,140	2020년 8월	–	–	805

• KB 시세 미등재

190

용산센트럴파크는 경의중앙선(용산역)을 이용하면 두 정거장 만에 공덕역까지 도착할 수 있는 신축 대단지라서 추천 단지로 꼽았다. 그뿐인가. 1호선(용산역)을 이용하면 두 정거장 만에 서울역, 세 정거장 만에 시청역까지 갈 수 있다.

게다가 용산구에 1,000세대 이상 신축 대단지가 들어선 것은 1998년 이촌동 이촌강촌(1,001세대) 및 한가람(2,036세대) 이후 22년 만의 일이다. 이것만으로도 용산센트럴파크가 용산구의 랜드마크라는 점은 의문의 여지가 없다.

주상복합이기 때문에 마트뿐 아니라 식당·카페·병원 등이 즐비하며, 용산역 주변에 각종 인프라가 갖춰져 있어 생활 편의성이 매우 좋다. 신용산역과 연결되는 아모레퍼시픽 지하상가에도 다양한 가게가 입주해 있다.

또한 용산공원과 단지 사이에 용산파크웨이가 조성되면 용산공원까지도 도보로 수월하게 접근할 수 있다. 무엇보다 용산국제업무지구 개발 및 용산공원 조성이 완료되면 둘 사이에 자리한 용산센트럴파크는 이중의 수혜를 입게 된다. 물론 둘 다 사업 완료까지는 적지 않은 시일이 소요되겠지만, 사업이 진척될 때마다 최대의 수혜 단지인 용산센트럴파크의 경쟁력 역시 하루가 다르게 높아질 것이다.

• 경희궁자이 ★★

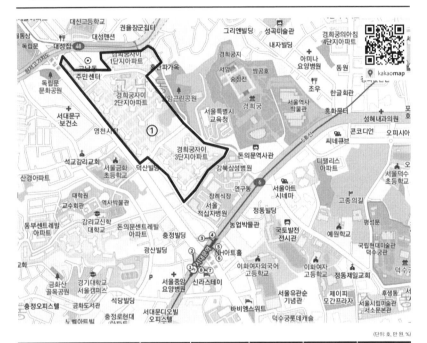

(단위: 호, 만 원, %)

단지명	세대수	입주연월	매매 시세	전세 시세	용적률
경희궁자이	1,919	2017년 2월	211,500	121,500	252

• 1단지는 임대아파트로 세대수에서 제외 • 2단지 112B㎡(전용 84.83㎡) 기준

경희궁자이는 서울 3대 도심 중 하나인 CBD에 인접한 대장 단지다. 출근시
간대 하차인원 순위가 올라가고 있는 공덕역까지 세 정거장 만에 갈 수 있는
서대문역 역세권 단지라는 것은 오히려 부차적인 장점이다. 무엇보다 광화문
도심 반경 1km 내에 1,000세대 이상 신축 대단지가 들어설 일이 없다는 점
이 경희궁자이의 희소성을 돋보이게 한다.

광화문 고소득 직장인들의 주거 수요를 흡수할 수 있는 입지상 강점이 있는 단지다. 이렇게 직주근접 경쟁력이 뛰어날 뿐 아니라 주변에 경희궁이 있어 고즈넉한 매력이 있으며 강북삼성병원, 서울적십자병원 등도 단지 앞에 있어 은퇴 후 고령층에도 인기를 얻을 수 있는 곳이다. 단지 앞 영천시장도 거주자들의 만족도를 높이는 요소다. 다만 학군 및 학원가가 다소 약한 점은 아쉬운 부분이라 하겠다.

• 래미안옥수리버젠 ★ • e편한세상옥수파크힐스 ★

(단위: 호, 만 원, %)

단지명	세대수	입주연월	매매 시세	전세 시세	용적률
① 래미안옥수리버젠	1,511	2012년 12월	191,500	108,750	238
② e편한세상옥수파크힐스	1,976	2016년 11월	191,500	99,000	208

• 래미안옥수리버젠, 111B㎡(전용 84.81㎡) 기준 • e편한세상옥수파크힐스, 109A㎡(전용 84.30㎡) 기준

래미안옥수리버젠과 e편한세상옥수파크힐스는 출근시간대 하차인원 순위
가 올라가고 있는 신사역까지 3호선(금호역)을 통해 세 정거장 만에 도달할 수

있는 금호역 역세권 단지다. 각 권역의 아파트 세대수 대비 사업체 근무 인원을 보면 도심권이 타 권역보다 압도적이라는 점이 확인되는데, 도심권의 아파트 희소성을 고려할 때 래미안옥수리버젠과 e편한세상옥수파크힐스는 입지가 탄탄하다고 할 수 있다. 특히 도심권과 강남의 중간에 있다는 장점도 무시할 수 없으며, 자차 교통이 특히 좋은 입지로 판단된다.

개별 단지로 들어가 보면 래미안옥수리버젠은 일부 동·호수에서 한강 조망이 가능하고 옥수동 메인 상권에 가까우며, 조금만 나가면 바로 동호대교를 타고 올림픽대로나 경부고속도로에 진입하기 쉽다는 장점도 크다.

e편한세상옥수파크힐스는 3호선(금호역) 초역세권에 신축치고는 매우 낮은 용적률에서 오는 쾌적함, 단지 내 국공립 어린이집만 4개나 있다는 등의 장점이 있다. 특히 다소 경사가 있다는 단점을 극복하고 초역세권의 장점을 극대화하기 위해 금호역 출구 앞에 단지로 바로 연결되는 입주민 전용 엘리베이터를 구비한 것도 높은 점수를 줄 만하다.

• 서울숲리버뷰자이 ★

(단위: 호, 만 원, %)

단지명	세대수	입주연월	매매 시세	전세 시세	용적률
서울숲리버뷰자이	1,034	2018년 6월	197,500	105,000	280

• 109A㎡(전용 84.96㎡) 기준

서울숲리버뷰자이는 중랑천과 한강, 서울숲 조망을 누릴 수 있어 단지명 그대로 리버뷰가 가능한 아파트다. 거기에 일약 핫플레이스로 떠올라 출근시간대 하차인원 순위가 갈수록 상승하는 성수역까지 두 정거장 만에 이동할 수 있는 한양대역 역세권 단지이기도 하다. 2호선을 통해 강남권과 도심권 모두 접근할 수 있다는 점도 입지상 장점으로 판단된다.

　내부적으로는 커뮤니티 시설이 잘 갖춰져 있고 조경이 훌륭하며, 단지에서 조금만 나와도 테니스장·축구장·농구장 등이 구비된 응봉체육공원이 있고, 거기서 좀 더 나가 응봉교를 건너면 서울숲도 산책할 수 있다. 왕십리역까지는 도보로 약 15분 거리여서 왕십리 역세권이라고 할 수는 없으나 왕십리역 인프라를 누릴 수 있는 위치다.

• 래미안위브 ★

(단위: 호, 만 원, %)

단지명	세대수	입주연월	매매 시세	전세 시세	용적률
래미안위브	2,652	2014년 10월	120,000	69,000	242

• 111A㎡(전용 84.99㎡) 기준

래미안위브도 두 정거장이면 성수역에 갈 수 있는 역세권 단지다. 인근에 답십리초와 동대문중이 있고, 서울대표도서관도 건설 중이어서 학령기 자녀를 둔 가정의 수요를 이끌 만한 곳이다. 단지 내에 수변시설이 많고 조경이 충실할 뿐만 아니라 4개 블록을 순환하는 1.4km 구간의 느티나무 둘레길도 있다. 단지 주변에 용답휴식공원, 간데메공원, 새샘근린공원 등 공원도 많다.

다소 거리는 있으나 청량리역이 GTX-B와 GTX-C가 모두 다니는 교통의 요충지로 거듭날 경우 래미안위브도 간접적인 수혜를 볼 것으로 기대된다.

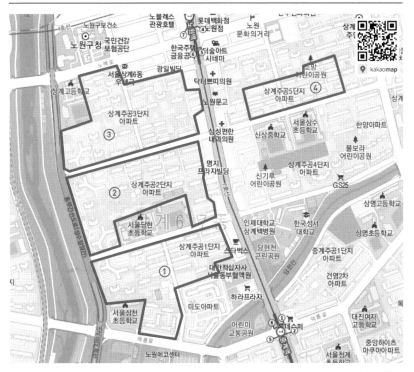

(단위: 호, 만 원, %)

단지명	세대수	입주연월	매매 시세	전세 시세	용적률
① 상계주공1단지	2,064	1988년 5월	75,000	27,000	176
② 상계주공2단지	2,029	1987년 11월	71,500	25,750	171
③ 상계주공3단지	2,213	1987년 11월	79,500	27,500	178
④ 상계주공5단지	840	1987년 11월	–	–	93

• 상계주공1·2·3단지, 80㎡(전용 58.01㎡) 기준   • 상계주공5단지, KB 시세 미등재

상계주공은 1단지부터 19단지까지 있다. 2022년 9월 기준 8단지가 포레나

노원으로 재건축이 완료됐으며, 5단지가 안전진단을 마치고 정비구역지정이 완료돼 재건축 사업 속도가 가장 빠른 단지로 꼽힌다. 직주근접 측면에서는 추천 기준에 들지 못하는 상계주공의 1~3단지와 5단지를 추천 단지에 포함한 이유는 인제대상계백병원이 반경 500m 안에 있어서다(인제대상계백병원 바로 앞의 4단지를 추천 단지에서 제외한 것은 용적률이 204%로, 180% 이하라는 추천 기준에 부합하지 않기 때문이다). 게다가 1~3단지와 5단지는 7호선(노원역 또는 중계역) 역세권 단지이기도 하다.

상계주공1~3단지는 비슷한 면이 많다. 용적률과 25평 기준 대지지분이 1단지 13.5평, 2단지 13.7평, 3단지 12.1평으로 대동소이하다. 반면 1단지는 1차 정밀안전진단을 통과한 후 2차 정밀안전진단을 추진 중이며, 2단지와 3단지는 예비안전진단 및 1차 정밀안전진단 단계여서 약간의 속도 차이는 있다.

상계주공5단지는 이미 재건축이 완료된 8단지(포레나노원) 이후 재건축 사업 속도가 가장 빠른 단지인데 이후에도 속도가 빠를 수밖에 없는 요소들이 갖춰져 있다. 우선 전 평형이 11평인 데다 상가가 없어서 갈등 요소가 적다는 커다란 장점이 있다. 또한 용적률이 낮아 11평의 대지지분이 12.2평에 이른다. 그리고 한국자산신탁으로 사업시행자를 지정해 빠른 사업 진행이 기대된다. 조합원의 지위 양도가 안 돼 매물이 없다는 점이 아쉬우나, 예외 규정(사업시행인가로부터 3년 이내에 착공하지 못한 경우, 착공 후 3년 이내에 준공되지 못한 경우, 10년 보유 5년 거주한 1세대 1주택자 물건인데 조합 설립 이후 3년 이내에 사업시행인가 신청이 없는 경우 등)이 적용돼 매물이 나올 수도 있으니 눈여겨볼 필요가 있다. 재건축이 완료되면 996세대 신축 단지로 거듭나게 된다.

그 밖에 GTX-C가 개통되면 노원역 역세권인 2·3·5단지는 4·7호선에 GTX-C까지 트리플 역세권이 되면서 강남권 접근성이 개선된다.

■ 서울(서북권) ■

• 마포래미안푸르지오 ★☆ • 공덕자이 ★

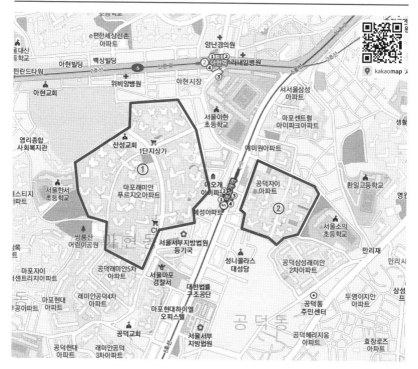

(단위: 호, 만 원, %)

단지명	세대수	입주연월	매매 시세	전세 시세	용적률
① 마포래미안푸르지오	3,885	2014년 9월	178,000	90,500	259
② 공덕자이	1,164	2015년 4월	–	–	230

• 마포래미안푸르지오, 113B㎡(전용 84.89㎡) 기준   • 공덕자이, KB 시세 미등재

201

애오개역은 출근시간대 하차인원 순위가 올라가고 있는 공덕역까지는 한 정거장만 가면 되고 서울 3대 도심에 속하는 광화문역과 여의도역까지는 각각 세 정거장과 네 정거장만 가면 돼서 직주근접 경쟁력이 매우 강한 곳이다. 그런 애오개역의 역세권 단지 중에 1,000세대 이상 신축 대단지가 바로 마포래미안푸르지오와 공덕자이다. 당연히 수요가 많을 수밖에 없다.

마포래미안푸르지오는 단지 규모가 워낙 크다 보니 일부 동은 2호선(아현역), 일부 동은 5호선(애오개역) 역세권으로 분류된다. 애오개역은 광화문과 여의도 접근성이 뛰어나고, 아현역은 시청 및 을지로와 연세대·이화여대·홍익대 등 대학교 접근성이 뛰어나다. 어떤 동이든 다양한 주거 계층의 수요가 몰릴 수밖에 없는 서북권의 대장 단지다.

학군이 약한 편이고 인근 경사가 있다는 점은 단점이지만, 신축 대단지의 연이은 입주로 학군의 균질성이 강화되고 대흥동에 신흥 학원가가 조성 중이며 단지 안은 평탄화가 잘돼 있다. 게다가 단지 내에 스트리트형 상가 거리가 있는데 마치 단지 전용 상가처럼 이용할 수 있어 편의성도 뛰어나다.

공덕자이는 우선 애오개역 초역세권 단지라는 장점이 돋보인다. 단지에서 나오자마자 5호선을 이용할 수 있어 광화문과 여의도 등 도심의 웬만한 직장까지 빠르게 도달할 수 있다. 커뮤니티 시설도 충실하고 지하로 다 연결돼 편리하며, 특히 단지가 1,000세대를 약간 넘는 규모인데도 3개 레인의 수영장이 있다는 점이 눈에 띈다. 단지 인근에 초·중·고가 모두 있다는 점도 큰 장점이다.

• 신촌숲아이파크 ★☆

(단위: 호, 만 원, %)

단지명	세대수	입주연월	매매 시세	전세 시세	용적률
신촌숲아이파크	1,015	2019년 8월	185,000	84,000	290

• 115B㎡(전용 84.90㎡) 기준

신촌숲아이파크는 경의중앙선(서강대역) 초역세권 및 6호선(광흥창역) 역세권 신축 단지다. 각각 한 정거장, 두 정거장이면 공덕역에 갈 수 있다. 연 매출 5,000억 원에는 미치지 못하지만 현대백화점 신촌점과도 가깝고, 단지 반경 1km 내에 3개 대학교(연세대·서강대·홍익대)가 있어 교수·임직원·학생(가족) 수요도 풍부하다.

경의선숲길이 단지와 바로 연결돼 쾌적한 환경을 조성한다. 특히 단지 입주자대표회의가 매우 열성적으로 활동하고 있어 최근에 세대별 지하 창고가 생겼으며, 단지 내 축제도 여러 차례 개최해 거주민들의 만족도가 매우 높다.

• DMC센트럴자이 ★

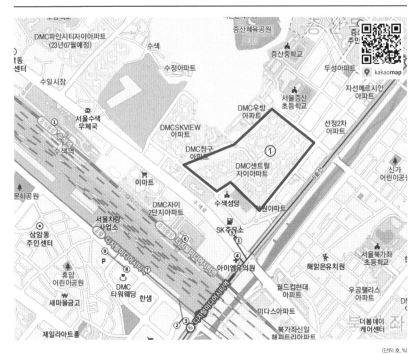

(단위: 호, %)

단지명	세대수	입주연월	매매 시세	전세 시세	용적률
DMC센트럴자이	1,388	2022년 3월	–	–	248

• KB 시세 미등재

DMC센트럴자이는 수색증산뉴타운의 대장 단지다. 단지 자체가 MBC, KBS, JTBC, tvN, YTN 등 주요 방송국들이 밀집한 상암미디어밸리 근처에 있으며 6호선·경의중앙선·공항철도(디지털미디어시티역) 트리플 역세권이다. 경의중앙선으로 세 정거장만 가면 서울역이고 공항철도로 한 정거장이면 마곡나루역, 두 정거장이면 공덕역에 도착할 수 있어 직주근접 경쟁력이 매우 우수한 곳이다.

초·중학교(증산초, 증산중)가 단지 인근에 있고, 대로 하나만 건너면 이마트가 있어 실거주 편의성도 매우 뛰어나다. 상암DMC 롯데몰이 2024년 착공, 2027년 완공을 목표로 하고 있어 쇼핑 환경도 더욱 개선될 전망이다. 서울시와 코레일 주관으로 경의중앙선 지상철을 지하화하고 철도로 단절된 상암동과 수색동을 연결하는 수색역세권 개발 사업도 DMC센트럴자이의 중장기 호재다.

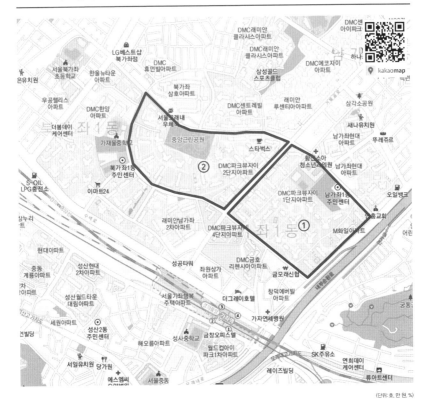

(단위: 호, 만 원, %)

단지명	세대수	입주연월	매매 시세	전세 시세	용적률
① DMC파크뷰자이1단지	2,407	2015년 10월	126,333	71,000	233
② DMC파크뷰자이2단지	1,432	2015년 10월	126,333	71,000	233

• DMC파크뷰자이1단지, 111F−1㎡(전용 84.97㎡) 기준 • DMC파크뷰자이2단지, 110E−2㎡(전용 84.96㎡) 기준

DMC파크뷰자이는 가재울뉴타운 중 4구역이 재개발돼 지어진 신축 아파트로, 1단지부터 5단지까지 있는데 나의 추천 기준에 따라 1,000세대 이상인 1단

지와 2단지만 선정했다. 경의중앙선(가좌역) 역세권 단지로 두 정거장 가면 서울역, 세 정거장 가면 공덕역에 도착할 수 있다.

1~5단지 전체적으로 3개의 국공립 어린이집을 포함해 총 7개의 어린이집이 있고, 1단지에는 육아보육지원센터도 있어 아이 키우기에 좋은 환경이다. 1단지 내에 초등학교(가재울초)가 있고, 2단지 내에는 중앙근린공원뿐 아니라 단지 앞에 중·고등학교(가재울중·가재울고)도 있어 학령기 자녀를 둔 가정의 수요가 많다.

현재는 단지 주변에 대형 쇼핑시설이 없는데, 상암DMC 롯데몰이 완공되면 이 약점도 일정 부분 상쇄될 것으로 기대한다.

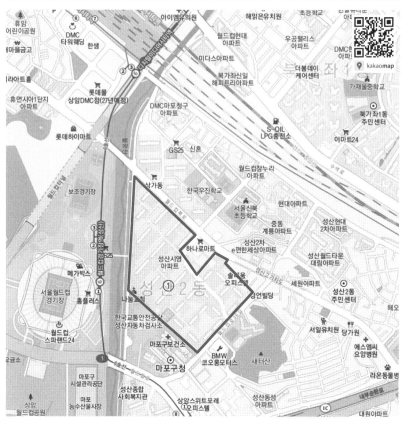

(단위: 호, 만 원, %)

단지명	세대수	입주연월	매매 시세	전세 시세	용적률
성산시영	3,710	1986년 6월	95,500	31,500	148

• 66㎡(전용 50.03㎡) 기준

성산시영은 규모가 큰 만큼 1~15동은 유원, 16~23동은 선경, 24~33동은 대우가 지어 조성된 단지다. 기본적으로 6호선(월드컵경기장역) 역세권 단지로 분류되나, 일부 동은 디지털미디어시티역 역세권에도 포함돼 추천 목록에 포함했다. 3,710세대로 구성된 대단지인데 용적률이 148%에 불과해 재건축 사업성이 우수하다. 규모상 재건축이 완료되면 서북권의 랜드마크 단지가 될 것으로 예상된다.

2022년 8월 29일 마포구청에 제출한 정비계획안에 따르면, 재건축 완료 시 용적률 300% 기준 35개 층 30개 동 4,823가구 규모로 탈바꿈하게 된다. 아직은 초기 단계이기 때문에 언제 재건축이 될지 알 수 없으나, 수산증색뉴타운이 완성되면 당분간 이 지역 마지막 신축이 될 가능성이 크다. 따라서 신축 프리미엄을 오래 누릴 수 있으므로 성산시영의 재건축 진척 상황을 눈여겨볼 필요가 있다.

입지상으로도 단지 인근에 마포구청과 2개 초등학교(성원초·신북초) 및 1개 중학교(중암중)가 있는데, 중암중은 마포구에서 특목고 진학률이 높은 학교로 유명하다. 가까운 거리에 있는 상암월드컵경기장의 상업 인프라(홈플러스, 메가박스 등)를 이용하기 쉽고, 상암DMC 롯데몰 완공 시 추가적인 수혜도 기대된다. 상암월드컵공원, 평화의공원, 하늘공원의 존재도 성산시영의 쾌적한 환경에 큰 보탬이 되는 요소다.

• 위례자연앤래미안e편한세상 ★

(단위: 호, 만 원, %)

단지명	세대수	입주연월	매매 시세	전세 시세	용적률
위례자연앤 래미안e편한세상	1,540	2016년 6월	122,500	66,000	188

• 111㎡(전용 84.98㎡) 기준

위례자연앤래미안e편한세상은 2021년 12월에 개통한 8호선(남위례역) 역세권 단지다. 새로이 역세권 단지가 된 셈이다. 지도를 보면 위례자연앤래미안e편한세상보다 힐스테이트위례, 위례역푸르지오5·6단지가 좀 더 역에 가까우나 단지 규모가 1,000세대를 넘는 유일한 단지가 위례자연앤래미안e편한세상이어서 이곳만 선정했다.

새로 개통된 남위례역에서 8호선으로 세 정거장 가면 출근시간대 하차인원 순위가 급상승 중인 문정역에 도달할 수 있다. 8호선 개통으로 위례자연앤래미안e편한세상의 직주근접 경쟁력이 상승한 셈이다.

지도에서 볼 수 있듯 단지 안에 초·중학교(한빛초, 한빛중)가 있다시피 하고, 도로 하나만 건너면 고등학교(한빛고)가 있어서 학령기 자녀를 둔 가정이 오래 거주할 만한 단지이기도 하다. 신축치고는 용적률이 낮은 데다 조경과 커뮤니티도 잘 갖춰져 있으며 1km에 이르는 단지 주변 둘레길이 있고 창곡천도 끼고 있어 쾌적한 삶을 누릴 수 있다. 주변 상권이 다소 약한 게 단점이었으나 남위례역 개통으로 상권이 점차 충실해질 것으로 예상되며, 위례중앙광장까지 700m 정도 떨어져 있어 못 걸어갈 거리는 아니다.

• 자연앤힐스테이트 ★ • 광교중흥S클래스 ★

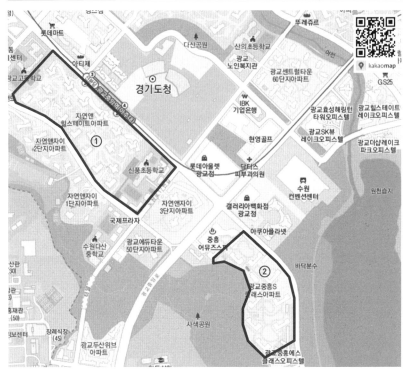

(단위: 호, 만 원, %)

단지명	세대수	입주연월	매매 시세	전세 시세	용적률
① 자연앤힐스테이트	1,764	2012년 11월	129,000	68,333	209
② 광교중흥S클래스	2,231	2019년 5월	140,000	80,000	399

• 자연앤힐스테이트, 110L㎡(전용 84.28㎡) 기준 • 광교중흥S클래스, 116B㎡(전용 84.93㎡) 기준

자연앤힐스테이트와 광교중흥S클래스는 경기도 1,000세대 이상 신축 대단
지 중에서 대표적인 슬세권 단지다. 연 매출 5,000억 원이 넘는 갤러리아백화

점 광교점이 가까운 거리에 있을 뿐 아니라 롯데아울렛 광교점도 인근에 있다.

　자연앤힐스테이트는 신분당선(광교중앙역) 초역세권 단지라는 강점이 돋보인다. 신분당선을 타면 일곱 정거장 만에 판교역, 열한 정거장 만에 강남역에 도달할 수 있어 직주근접 경쟁력도 갖췄다. 단지에 초등학교(신풍초)와 고등학교(광교고)가 붙어 있고, 길 하나 건너에 중학교(다산중)도 있다. 대로 하나 건너면 광교아브뉴프랑 인프라도 누릴 수 있다. 무엇보다 단지 바로 앞에 경기도청이 있고 2023년 12월까지 경기도 교육청, 경기도서관, 경기주택도시공사 등이 속속 입주할 예정이어서 자연앤힐스테이트도 직접적인 수혜를 볼 전망이다.

　광교중흥S클래스는 슬세권이라는 장점 외에도 거대한 원천호수를 중심으로 한 광교호수공원 조망 및 접근성이 탁월한 단지다. 사실 직접적인 입지 경쟁력은 자연앤힐스테이트가 앞서지만 자연앤힐스테이트가 누리는 혜택을 광교중흥S클래스도 간접적으로 누리는 데다 보다 신축이라는 점, 광교호수공원 조망 및 접근성이 워낙 뛰어나다는 점이 매매가에 반영돼 광교신도시 대장 자리를 차지하고 있다.

• 광명역써밋플레이스★☆   • 광명역U플래닛데시앙★☆   • 광명역센트럴자이★☆

(단위: 호, %)

단지명	세대수	입주연월	매매 시세	전세 시세	용적률
① 광명역써밋플레이스	1,430	2018년 2월	–	–	349
② 광명역U플래닛데시앙	1,500	2019년 12월	–	–	482
③ 광명역센트럴자이	1,005	2018년 12월	–	–	349

• KB 시세 미등재

광명역 주변에는 5개 단지가 있는데 이 중에서 1,000세대를 넘는 3개 단지만 선정했다. 이 단지들은 1호선(광명역)을 통해 출근시간대 하차인원 1위인 가산디지털단지역까지 세 정거장 만에 갈 수 있고, KTX로는 두 정거장 만에 서울역까지 도착할 수 있다. 신안산선과 월곶판교선까지 개통되면 여의도역까지 아홉 정거장, 판교역까지 일곱 정거장 만에 갈 수 있다(급행 기준으로는 각각 다섯 정거장, 두 정거장). 교통의 요충지로 직주근접 차원에서 경쟁력과 호재를 모두 갖춘 곳이다. 인근에 광명시흥테크노밸리가 조성되면 직주근접 경쟁력이 더욱 올라갈 것이다.

이렇게 광명역 관련 호재들이 많은데 5개 단지 5,000여 세대 외에 추가로 아파트 단지가 늘어날 가능성이 작다는 희소성도 광명역 역세권 단지들에 유리한 요소다.

이뿐 아니라 롯데몰, 코스트코, 이케아, 중앙대학교광명병원 등이 있어 실거주 편의성도 매우 뛰어나다. 5개 단지 거주민 자녀가 함께 다니는 초·중학교도 학군의 균질성 측면에서 장점이 있고, 인근의 안양새물공원이 쾌적한 환경을 제공해준다.

• 철산역롯데캐슬앤SKVIEW클래스티지★ • 철산주공12·13단지★

(단위: 호, 만 원, %)

단지명	세대수	입주연월	매매 시세	전세 시세	용적률
① 철산역롯데캐슬앤 SKVIEW클래스티지	1,313	2022년 3월	–	–	–
② 철산주공12단지	1,800	1986년 7월	86,000	40,500	159
③ 철산주공13단지	2,460	1986년 7월	85,000	40,000	170

• 철산역롯데캐슬앤SKVIEW클래스티지, KB 시세 미등재
• 철산주공12단지, 110㎡(전용 84.97㎡) 기준 • 철산주공13단지, 108㎡(전용 84.77㎡) 기준

철산역은 7호선을 타고 한 정거장만 가면 출근시간대 하차인원 1위인 가산디지털단지역에 갈 수 있는 곳이다. 철산역 역세권 단지 중 규모가 1,000세대 이상이고 신축(또는 신축이 될 예정)인 곳은 철산역롯데캐슬앤SKVIEW클래스티지와 주공12·13단지다.

철산역롯데캐슬앤SKVIEW클래스티지는 단지명에서도 당당히 밝힐 만큼 철산역 역세권 단지다. 철산역 인프라를 이용할 수 있을 뿐 아니라 광명시청과 광명시의회가 단지 바로 앞에 있어 공무원 주거 수요도 기대되는 곳이다. 그뿐 아니라 특이하게 중·고등학교(광명중·광명고)를 단지 품에 끼고 있는 입지라는 장점도 있다. 중·고등학교를 품에 낀 단지라면 3인 이상 가족의 수요가 많을 텐데 세대수의 절반 이상이 25평대라는 것은 다소 아쉬운 부분이다.

철산주공12단지와 13단지는 2021년 11월과 12월, 각각 1차 정밀안전진단을 통과하면서 비슷한 재건축 사업 진행 속도를 보이고 있다. 이들이 신축으로 거듭나면 4,300여 세대의 대규모 신축 단지가 탄생하게 된다. 12단지는 다리(철산대교) 하나만 건너면 자차로 금방 가산디지털단지에 도착할 수 있는데다 철산역 상권인 철산로데오거리와 붙어 있고 단지 안에 왕재산공원이 있다는 점이 장점이다. 13단지는 초등학교(광성초)를 품고 있는 데다 단지 인근에 롯데슈퍼와 GS더프레시가 있어 생필품 구입이 용이하다는 장점이 있다. 13단지 뒤의 8·9단지가 자이 신축 대단지로 거듭나서 주변이 정비된다는 호재도 있다.

12·13단지 모두 안양천을 단지 바로 옆에서 누릴 수 있다. 8·9단지에 이어 12·13단지까지 신축 대단지로 거듭난다면 철산역 주변 일대는 대단한 위용을 자랑하게 될 것이다.

·영통아이파크캐슬1단지★ ·힐스테이트영통★

(단위: 호, 만 원, %)

단지명	세대수	입주연월	매매 시세	전세 시세	용적률
① 영통아이파크캐슬1단지	1,783	2019년 3월	82,000	52,500	199
② 힐스테이트영통	2,140	2017년 8월	90,000	53,000	199

· 영통아이파크캐슬1단지, 110㎡(전용 84.69㎡) 기준 · 힐스테이트영통, 111A㎡(전용 84.88㎡) 기준

영통아이파크캐슬1단지와 힐스테이트영통은 출근시간대 하차인원 순위가
높은 역 또는 해당 역에 가까운 역세권 단지는 아니지만, 삼성전자 수원캠퍼

스 반경 500m 내에 있는 1,000세대 이상 신축 단지에 해당해 추천 단지에 올렸다. 직주근접 경쟁력이 높다고 본 것이다.

영통아이파크캐슬1단지는 커뮤니티에 수영장과 필라테스 시설도 있으며, 힐스테이트영통은 망포역 상권 및 영통 학원가 이용이 수월하다는 장점이 있다. 두 단지에서 대로를 건너면 이마트 트레이더스가 있어 생활 편의성도 좋다. 신축치고는 용적률이 낮은 데다 단지 주변에 글빛누리공원, 지성공원, 방죽공원 등 공원이 많아 쾌적한 환경을 자랑한다. 인근의 망포초는 학급당 학생 수가 30명에 육박할 만큼 과밀학급인데, 이는 거꾸로 말하면 젊은 부부의 수요가 많다는 의미다. 그만큼 삼성전자 직원들의 수요도 많은 것으로 추정된다.

두 단지 주변에 대규모 단지의 입주가 지속되면서 전세가가 하락해 매매가도 끌어내릴 가능성이 크지만, 그로 인해 낙폭이 과대해지면 주변 단지들의 입주가 마무리된 후 매수를 고려해봐도 좋을 것으로 생각된다. 신축 단지들이 연이어 입주하긴 하지만 영통아이파크캐슬1단지와 힐스테이트영통의 입지가 가장 좋기 때문이다.

• 고잔롯데캐슬골드파크★

(단위: 호, 만 원, %)

단지명	세대수	입주연월	매매 시세	전세 시세	용적률
고잔롯데캐슬골드파크	1,005	2018년 10월	78,500	50,500	249

• 110A㎡(전용 84.96㎡) 기준

고잔롯데캐슬골드파크는 역세권 단지는 아니다. 그러나 800병상 이상을 소유해 대형 병원에 속하는 고려대안산병원이 단지 바로 앞에 있으며 안산시청과 안산세무서, 한국전력 안산지사, 농어촌공사, 국민연금공단 등이 단지 바로 앞에 있어 공무원 주거 수요를 흡수할 수 있다. 단지 인근에 안산문화예술의전당과 안산와스타디움 그리고 방대한 규모의 중앙공원, 원고잔공원, 화랑유원지가 있다는 점도 고잔롯데캐슬골드파크의 매력을 높이는 요소다.

・연산롯데캐슬골드포레★ ・연산더샵★ ・연제롯데캐슬데시앙★

(단위: 호, 만 원, %)

단지명	세대수	입주연월	매매 시세	전세 시세	용적률
① 연산롯데캐슬골드포레	1,230	2020년 7월	–	–	274
② 연산더샵	1,071	2019년 3월	73,000	37,500	289
③ 연제롯데캐슬데시앙	1,168	2018년 10월	78,500	39,000	307

・연산롯데캐슬골드포레, KB 시세 미등재 ・연산더샵, 112A㎡(전용 84.98㎡) 기준
・연제롯데캐슬데시앙, 111B㎡(전용 84.83㎡) 기준

부산의 출근시간대 하차인원 순위는 서면역, 연산역, 센텀시티역, 부산역, 중앙역 순으로 높다. 따라서 직주근접 경쟁력도 해당 역 또는 해당 역까지 세 정거장 내에 갈 수 있는 역의 반경 500m 단지들을 추천 대상으로 했다.

부산 출근시간대 하차인원 1~5위 역들을 보면 센텀시티역을 제외한 나머지 4개 역이 모두 1호선이다. 그만큼 1호선이 핵심 라인이라는 사실을 알 수 있다. 연산역은 그 1호선과 3호선이 교차하는 역으로 교통의 핵심지라고 할 수 있는데, 연산역까지 한 정거장 만에 갈 수 있는 3호선(물만골역) 역세권 단지가 바로 연산롯데캐슬골드포레, 연산더샵, 연제롯데캐슬데시앙이다.

이 지역에는 부산시청과 연제구청이 있어 공무원 수요가 많을 것으로 예상되며, 연제구청 옆에 이마트가 있어 생활하기에도 편리하다. 연산롯데캐슬골드포레와 연산더샵은 단지 중간에 연제도서관이 있고 단지 뒤에 황령산이 있다는 장점도 공유한다. 연산롯데캐슬골드포레와 초·중·고(양동초, 양동여중, 세정고)가 인접해 있으며, 연산더샵은 어린이 물놀이 시설도 갖추고 있다. 연산롯데캐슬골드포레 서쪽에 양정포레힐즈스위첸이 2023년 8월 입주할 예정이고 그 서쪽에도 재개발 사업이 진행되고 있다. 이곳들의 입주가 완료되면 이 일대가 1만 세대에 이르는 신도시급 신축 대단지가 된다는 점도 주변 환경 정비 차원에서 중장기 호재라고 할 수 있다.

연제롯데캐슬데시앙은 3호선(물만골역)뿐 아니라 1호선(시청역) 더블 역세권 단지다. 앞서 언급한 두 단지에 비해 단지 주변이 평지에 가깝다는 장점도 있다. 초등학교(연산초)를 품고 있을 뿐 아니라 2018년 부산시 조경 대상을 받았을 만큼 조경이 훌륭한 곳이기도 하다. 다만 주차대수가 세대당 1.13대라는 점은 신축치고는 아쉬운 점이다.

• 사직롯데캐슬더클래식★☆

(단위: 호, 만 원, %)

단지명	세대수	입주연월	매매 시세	전세 시세	용적률
사직롯데캐슬더클래식	1,064	2017년 1월	105,000	56,000	264

• 110A㎡(전용 84.85㎡) 기준

사직롯데캐슬더클래식은 3호선(사직역) 초역세권 단지다. 세 정거장만 가면 연산역에 도착할 수 있다. 단지 커뮤니티도 1,000여 평에 이르는 데다 사직역 초역세권인 만큼 사직역 주변 상가도 활용할 수 있다. 부산에서 보기 드문 평지 신축 대단지라는 것도 큰 장점이다.

인근에 사직종합운동장이 있어 인프라를 활용하기 용이하고, 홈플러스와 CGV 등도 이용하기 편리하다. 초등학교(여고초)가 단지에 거의 붙어 있으며, 인근에 있는 여명중은 특목고 진학률이 우수한 학교로 꼽힌다. 인근의 부산지방법원, 부산지방검찰청 등 법조타운의 존재도 학군이 좋은 사직롯데캐슬더클래식에 법조인 주거 수요를 끌어올 만한 입지상 장점으로 연결된다.

• 레이카운티★

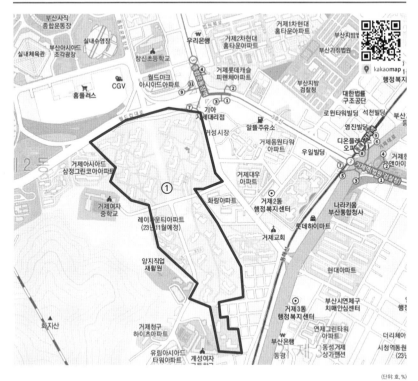

(단위: 호, %)

단지명	세대수	입주연월	매매 시세	전세 시세	용적률
레이카운티	4,470	2023년 11월	–	–	257

• KB 시세 미등재

레이카운티는 거제2구역을 재개발해 삼성물산, 대림산업, 현대산업개발이 합동으로 시공하는 단지다. 세대수에서도 알 수 있듯이 규모가 대단해 3호선(종합운동장역) 초역세권 단지이기도 하지만 3호선과 동해선이 만나는 거제역 역세권에도 해당한다. 부산 출근시간대 하차인원 순위 2위인 연산역까지 한 정거장 만에 갈 수 있는 곳이다.

지도에서 보다시피 대로 하나만 건너면 사직종합운동장과 주변 인프라를 그대로 활용할 수 있다. 단지 바로 앞에 홈플러스와 CGV가 있다는 것도 큰 강점이다. 단지 인근에 부산지방법원, 부산지방검찰청, 부산의료원이 있어 전문직 주거 수요도 적지 않을 것으로 판단된다. 다만 단지 주변이 약간 경사져 있다는 점은 아쉬운 부분이다.

• 명륜아이파크1단지★☆

(단위: 호, 만 원, %)

단지명	세대수	입주연월	매매 시세	전세 시세	용적률
명륜아이파크1단지	1,139	2013년 12월	76,500	39,000	260

• 115A㎡(전용 84.99㎡) 기준

명륜아이파크1단지는 1호선(명륜역·동래역) 역세권 단지로 세 정거장을 가면 연산역에 도착할 수 있다. 초등학교(명륜초)를 품고 있는 단지이며 인근에 중학교(동래중), 고등학교(부산중앙여고)도 있어 학령기 자녀를 둔 가정의 수요가 많은 곳이다. 가까운 거리에 롯데백화점(동래점)과 롯데마트가 있어 쇼핑하기에도 좋다. 단지 뒤에 동래사적공원이라는 방대한 규모의 녹지가 있다는 점도 장점이다. 연식이 곧 구축으로 넘어가는 9년 차이다 보니 단지 안에 차량이 다닐 수 있다는 점은 단점이다.

(단위: 호, 만 원, %)

단지명	세대수	입주연월	매매 시세	전세 시세	용적률
해운대자이1차	1,059	2013년 2월	109,000	42,000	265

• 105C㎡(전용 84.53㎡) 기준

해운대자이1차는 2호선(벡스코역) 역세권 신축 대단지로 벡스코의 인프라를 누릴 수 있다. 그뿐 아니라 한 정거장만 가면 센텀시티역이어서 신세계·롯데백화점 센텀시티점과 신세계 센텀시티몰 등 방대한 쇼핑시설을 즐길 수 있는 입지다. 참고로 신세계백화점 센텀시티점은 2021년 기준 국내 백화점 매출 4위를 기록했는데, 서울 외 백화점으로는 1위다.

무엇보다 주변에 거의 없는 1군 브랜드의 아파트 단지라는 것만으로도 희

227

소성이 돋보인다. 이런 희소성을 과시하기라도 하듯 아파트 외관에 'Made in Xii'라는 문구가 새겨져 있다. 해운대와 센텀시티 중간에 자리한다는 것도 중요한 장점이다.

단지 바로 앞에 초등학교(해림초)와 고등학교(부산문화여고·부산센텀여고)가 있어 여학생 자녀를 둔 가정에 인기가 높을 것으로 보인다. 입주 10년 차가 다 돼가는데도 지상으로 차량이 다니지 않도록 고안한 GS 측의 설계도 좋다.

• 부산더샵센텀포레★★

(단위: 호, 만 원, %)

단지명	세대수	입주연월	매매 시세	전세 시세	용적률
부산더샵센텀포레	1,006	2014년 7월	99,000	47,500	254

• 110C㎡(전용 84.91㎡) 기준

부산더샵센텀포레는 2호선(민락역) 초역세권 단지다. 한 정거장만 가면 센텀시티역에 도달할 수 있다. 물론 센텀시티까지 도보로도 이동할 만한 거리다. 즉, 부산더샵센텀포레는 부산에서 유일하게 직주근접과 슬세권 모두를 충족하는 단지라는 의미다. 그만큼 입지 경쟁력이 매우 강한 곳이다.

수영장과 센텀시티 전망이 돋보이는 조망권 우수 단지라는 장점도 있다. 여름에 열리는 야외 수영장도 거주민들이 크게 만족하는 요소다. 다만 중·고등학교가 다소 먼 거리에 있으며 초등학교(민안초)도 뒷산 너머에 있어 통학셔틀을 이용해야 한다는 점 때문에 매매가에 비해 전세가가 낮은 편이다.

• 광안자이★

(단위: 호, 만 원, %)

단지명	세대수	입주연월	매매 시세	전세 시세	용적률
광안자이	971	2020년 8월	122,500	54,500	240

• 112A㎡(전용 84.48㎡) 기준

광안자이는 2호선(광안역·금련산역) 역세권 단지로, 2호선을 타고 세 정거장 가면 센텀시티역에 도착할 수 있다. 광안리 해수욕장까지 도보로 가기에는 다소 거리가 있지만 지대가 높아 중·고층 이상으로 올라가면 광안리해수욕장과 광안대교 조망이 가능하다는 장점도 있다.

　신축 단지로 커뮤니티 시설이 좋은 편이며 단지 옆에 수영구 국민체육센터가 있어 수영, 요가, 헬스 등 취미 생활을 즐기기에 좋다. 밤이 되면 중앙 메인 분수대의 화려한 조명이 단지의 아름다움을 더해준다. 대로에서 한 블록 이상 안으로 들어가 있어 조용한 편이며, 단지 뒤가 금련산이라 도심에서도 맑은 공기를 느낄 수 있다. 학원가와 상권이 아직 발달하지는 않았으나 단지와 인접한 광안2구역 재개발이 완료되면 학원가와 상권도 조성될 것으로 기대해 볼 수 있다.

■대구■

• 대신센트럴자이★★ • 남산롯데캐슬센트럴스카이★★ • 남산자이하늘채★

(단위: 호, 만 원, %)

단지명	세대수	입주연월	매매 시세	전세 시세	용적률
① 대신센트럴자이	1,147	2015년 4월	51,500	30,500	266
② 남산롯데캐슬센트럴스카이	987	2021년 9월	–	–	280
③ 남산자이하늘채	1,368	2022년 3월	–	–	277

• 대신센트럴자이, 113B㎡(전용 84.83㎡) 기준
• 남산롯데캐슬센트럴스카이, KB 시세 미등재 • 남산자이하늘채, KB 시세 미등재

232

대구에서 출근시간대 하차인원이 가장 많은 역은 반월당역, 동대구역, 중앙로역, 경대병원역, 강창역 순이다. 부산과 마찬가지로 해당 역 또는 해당 역에 세 정거장 만에 갈 수 있는 역세권 단지들을 대구에서 직주근접 경쟁력이 우수한 단지로 추천하고자 한다.

청라언덕역은 2호선과 3호선이 교차하는 곳이면서 출근시간대 하차인원 1위인 반월당역까지 한 정거장 만에 갈 수 있는 곳이다. 이런 청라언덕역 역세권에서 1,000세대 내외의 신축 대단지가 바로 대신센트럴자이, 남산롯데캐슬센트럴스카이다. 대신센트럴자이와 남산롯데캐슬센트럴스카이는 2·3호선(청라언덕역) 더블 역세권이면서 1,000병상 이상을 소유한 대형 병원인 계명대동산병원과도 가까운 거리에 있다. 즉, 추천 기준 중 두 가지를 충족하는 단지다. 따라서 이곳들은 대구가 입주 물량의 파고 때문에 충분히 조정장을 겪은 후 가장 크게 반등할 단지가 될 것이다.

대신센트럴자이는 입주 후 7년이 지난 아파트 단지로 주변 아파트 단지와 상권을 공유하는 데다 단지 뒤에 큰 규모의 전통 시장도 있어 주거 인프라가 좋다. 특히 아파트 지하 주차장에 홈마트가 있다는 독특한 장점도 있다. 비 오는 날에도 우산 없이 생필품을 구입할 수 있다는 이야기다. 단지 근처에 있는 계성초가 사립초라서 초등학교(남산초)까지 대로를 2개 건너서 가야 한다는 점은 아쉽다.

남산롯데캐슬센트럴스카이는 청라언덕역 역세권 단지이기도 하지만 출근시간대 하차인원 1위인 반월당역까지 걸어서 갈 만한 거리다(최단 거리가 400m). 단지 바로 옆에 초등학교(남산초)가 있으며 중학교(경구중)는 다소 거리가 있지만 학업성취도가 높은 학교라는 장점이 있다. 주변 정비가 덜 됐다는 점은 단점이라고 할 수 있다.

남산자이하늘채는 청라언덕역에서 한 정거장 떨어진 2호선(반고개역) 역세권 단지다. 반월당역과는 두 정거장 떨어져 있다. 용적률은 277%이나 건폐율이 14%에 불과해 동 간 거리가 넓고, 이 장점을 십분 활용해 조경에 공을 들인 흔적이 보인다. 대구의 다른 단지에 비해 조경에서는 확실한 장점이 있다. 대로 하나만 건너면 초·중·고도 어렵지 않게 갈 수 있다. 다만 중대형 평형이 없다는 점, 이곳 역시 주변 정비가 덜 됐다는 점이 단점으로 꼽힌다.

• 수성롯데캐슬더퍼스트 ★

(단위: 호, 만 원, %)

단지명	세대수	입주연월	매매 시세	전세 시세	용적률
수성롯데캐슬더퍼스트	979	2015년 8월	83,500	44,000	227

• 111A㎡(전용 84.97㎡) 기준

수성롯데캐슬더퍼스트는 2호선(대구은행역)과 3호선(대봉교역) 더블 역세권 단지다. 2호선을 통해 출근시간대 하차인원 1·4위인 반월역·경대병원역까지 각각 두 정거장, 한 정거장 만에 갈 수 있어 직주근접 경쟁력을 갖췄다.

초등학교(동성초)는 대로를 건너가야 하지만 특이하게도 중학교(신명여중)와 고등학교(남산고)를 품고 있는 단지다. 그러다 보니 아파트 상가에 서점이 있기도 하다. 신명여중의 학업성취도가 높은 편이라 여학생 자녀를 둔 가정에 인기가 높다. 단지 바로 앞에 흐르는 신천이 쾌적한 환경을 제공한다.

• 수성범어W★

(단위: 호, %)

단지명	세대수	입주연월	매매 시세	전세 시세	용적률
수성범어W	1,340	2023년 12월	–	–	1,077

• KB 시세 미등재

수성범어W는 2호선(범어역) 초역세권 단지로 반월역·경대병원역까지 각각 세 정거장, 두 정거장 만에 갈 수 있다. 단지 바로 앞이 범어역인 만큼 웬만한 역세권 단지보다 더 빨리 반월역에 도착할 수 있는 곳이다. 대구의 중심인 수성구, 수성구의 중심인 범어네거리에 있다는 것만으로도 대구 유수의 입지라고 할 수 있다. 인근에 대구지방법원, 대구지방검찰청, 수성구청, KBS, 한국전력 등 일자리가 많다. 대구의 학원가가 밀집한 수성구청역과 불과 한 정거장 거리에 있다는 사실도 큰 장점이다. 초고층인 59층으로 설계돼 완공되면 대구의 랜드마크가 될 것으로 보인다.

· 교대역하늘채뉴센트원★★

（단위: 호, %）

단지명	세대수	입주연월	매매 시세	전세 시세	용적률
교대역 하늘채뉴센트원	975	2022년 6월	–	–	273

· KB 시세 미등재

교대역하늘채뉴센트원은 1호선(교대역) 초역세권 신축 단지다. 1호선을 통해 각각 두 정거장, 세 정거장 만에 반월당역, 중앙로역에 도달할 수 있다. 인근에 초·중·고뿐 아니라 영남대·대구교대 등 대학교도 있고 1,000여 병상을 자랑하는 영남대병원도 있다. 앞서 언급한 대신센트럴자이와 남산롯데캐슬센트럴스카이처럼 추천 기준 중 2개를 충족하는 단지다. 초역세권인 데다 인근에 각종 학교가 있어 상권도 충실하다. 다만 단지 인근에 각종 학교가 있어 3인 이상 가족의 수요가 많을 텐데 중대형 평형이 없다는 점은 아쉽다.

• 이안센트럴D★★ • 동대구역화성파크드림★★ • 동대구역센텀화성파크드림★

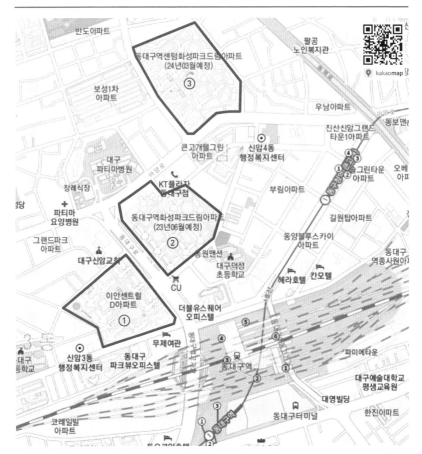

(단위: 호, %)

단지명	세대수	입주연월	매매 시세	전세 시세	용적률
① 이안센트럴D	999	2021년 9월	–	–	341
② 동대구역화성파크드림	1,079	2023년 6월	–	–	297
③ 동대구역센텀화성파크드림	1,458	2024년 3월	–	–	233

• KB 시세 미등재

이안센트럴D와 동대구역화성파크드림은 1호선 동대구역(대구의 출근시간대 하차인원 순위 중 2위) 역세권 단지이고, 동대구역센텀화성파크드림은 1호선 동구청역 역세권 단지다. 또한 연간 매출이 5,000억 원 이상인 신세계백화점 대구점과 가까운 슬세권 단지이기도 하다. 이안센트럴D와 동대구역화성파크드림은 추천 기준 중 2개를 충족하는 단지라는 의미다. 역세권인 만큼 버스 노선도 굉장히 다양해서 대구 어디로 가든 수월하게 이동할 수 있다.

다만 중·고등학교가 가까이에 없어서 자체 학원가가 부족하다는 점은 단점이다. 또한 인근에 동대구해모로스퀘어이스트·웨스트, 해링턴플레이스동대구 등 대형 단지들이 잇따라 입주할 예정이어서 일정 기간 조정이 불가피할 것으로 보인다. 따라서 대규모 입주장이 도래해 과매도 국면을 맞이한 이후 관심을 가져볼 만한 곳으로 판단한다.

• 힐스테이트부평★

(단위: 호, %)

단지명	세대수	입주연월	매매 시세	전세 시세	용적률
힐스테이트부평	1,409	2023년 6월	–	–	289

• KB 시세 미등재

인천은 인천1호선, 인천2호선의 출근시간대 하차인원을 확인할 수 없어서 이를 제외한 나머지 노선들의 하차인원으로 순위를 정리했다. 인천에서 출근시간대 하차인원 순위가 높은 곳은 부평역, 동인천역, 주안역, 제물포역, 동암역 순이다. 백운역은 인천 출근시간대 하차인원 1위인 부평역과 한 정거장 떨어져 있고, 힐스테이트부평은 이 백운역 초역세권 신축 단지다.

횡단보도를 건너면 부평도서관이 나오고, 그 뒤로 초·중·고(신촌초, 부평서중, 부평서여중, 부광고)가 잇따른다. 단지에 붙어 있다시피 한 부평아트센터와 백운공원은 단지 주민들에게 문화생활과 여가를 즐길 여건을 제공한다. 단, 단지 주변에 학원가가 조성돼 있지 않다는 것은 단점이다.

• 부평역해링턴플레이스★★ • e편한세상부평역센트럴파크★

(단위: 호, %)

단지명	세대수	입주연월	매매 시세	전세 시세	용적률
① 부평역해링턴플레이스	1,409	2024년 11월	–	–	329
② e편한세상부평역 센트럴파크	1,500	2025년 1월	–	–	–

• KB 시세 미등재

부평역해링턴플레이스와 e편한세상부평역센트럴파크는 부평역까지 한 정거장 만에 갈 수 있는 동수역 역세권 신축 대단지다. 부평역해링턴플레이스는 부평역 접근성이 뛰어나 직주근접 경쟁력이 우수할 뿐 아니라 800병상 이상을 보유한 가톨릭대 인천성모병원이 단지 옆에 붙어 있다. 게다가 379억 원을 투입해 수영장(7개 레인)과 체육관(농구·배구·배드민턴), 체력단련시설과 GX룸 등을 갖춘 부평남부체육센터가 단지 옆에 들어선다. 입지 경쟁력이 한층 더 강화되는 셈이다. 단지 안에 여중(부일여중)이 있어 여학생 자녀를 둔 가정의 수요가 많을 것으로 보인다.

e편한세상부평역센트럴파크도 동수역 역세권 단지인데 또 하나의 장점은 단지 인근에 부평공원, 희망공원 등 광활한 녹지 환경이 있다는 점이다. 일부 동은 공원 뷰를 마음껏 누릴 수 있다.

부평역 안에 롯데마트가 있고, 그 주변의 부평시장, 부평 문화의 거리, 롯데시네마, 모다아울렛 등 부평역 근처 상권을 이용할 수 있다는 점도 두 단지가 공통으로 갖고 있는 장점이다.

• 부평SKVIEW해모로★

(단위: 호, %)

단지명	세대수	입주연월	매매 시세	전세 시세	용적률
부평SKVIEW해모로	1,559	2022년 12월	–	–	249

• KB 시세 미등재

부평SKVIEW해모로 역시 부평역까지 한 정거장 만에 갈 수 있는 부개역 역세권 신축 단지다. 부평역과 가까워서 부평역 중심 상권을 이용하기에 불편함이 없다. 단지 주변에 초·중·고(부개서초, 부평동중, 부평여중, 부개고)가 있어 여러모로 생활 편의성이 우수하다. 다만 단지 서쪽으로는 주변 환경이 아직 정비가 덜 됐다는 점, 상권이 발달한 만큼 유흥 시설도 적지 않다는 점은 아쉽다.

• 래미안부평★

(단위: 호, 만 원, %)

단지명	세대수	입주연월	매매 시세	전세 시세	용적률
래미안부평	1,145	2014년 9월	69,500	44,500	279

• 112A㎡(전용 84.96㎡) 기준

래미안부평은 7호선·인천1호선(부평구청역) 더블 역세권 단지로 인천1호선을 통해 두 정거장 만에 부평역까지 갈 수 있다. 그뿐 아니라 한국GM 부평공장이 인근에 있어 직주근접 경쟁력이 좋다. 단지 반경 500m 안에 부평구청, 북구도서관뿐 아니라 6개 학교(부원초·개흥초·부평동초·부평중·부평고·부평여고)가 있고 마트와 편의점도 즐비하다. 인천에 흔치 않은 래미안 브랜드라는 점도 희소성을 더해주는 요소다. 래미안답게 조경도 잘 꾸며져 있다.

• 두산위브더제니스센트럴여의★

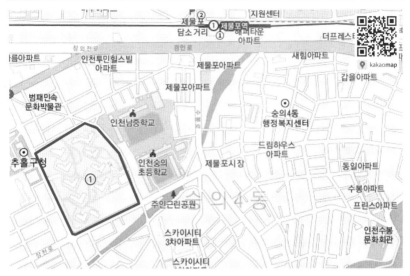

(단위: 호, %)

단지명	세대수	입주연월	매매 시세	전세 시세	용적률
두산위브더제니스센트럴여의	1,115	2025년 6월	–	–	250

• KB 시세 미등재

두산위브더제니스센트럴여의는 1호선(제물포역) 역세권 단지다. 제물포역 자체가 인천 출근시간대 하차인원 4위인 데다 2·3위인 동인천역·주안역까지 두 정거장 만에 갈 수 있다.

단지와 초·중학교(숭의초, 남중)가 붙어 있다는 커다란 장점에다 미추홀구청이 단지와 붙어 있어 공무원 수요도 흡수할 수 있는 곳이다. 인근에 대학교만 세 곳(인천대·청운대·인천재능대)이나 있다. 2025년 입주가 시작되면 인근 단지 중 최신축이자 브랜드 단지로서 인기가 매우 높을 것으로 예상된다.

• 더샵인천스카이타워1단지★☆

(단위: 호, 만 원, %)

단지명	세대수	입주연월	매매 시세	전세 시세	용적률
더샵인천스카이타워1단지	1,309	2020년 11월	63,000	33,000	439

• 114A㎡(전용 84.93㎡) 기준

더샵인천스카이타워1단지는 1호선(도화역) 역세권 신축 단지다. 인천 출근시간대 하차인원 3·4위인 제물포역·주안역까지는 한 정거장, 2위인 동인천역까지는 세 정거장 만에 갈 수 있다.

주거 공간과 상업 공간이 분리된 3세대 주상복합으로, 이 단지의 최대 장점은 1단지와 2단지 사이에 복합쇼핑몰 형태의 상업시설인 앨리웨이인천이 들어서 있다는 점이다. 해당 시설에는 각종 음식점뿐 아니라 CGV, 탑텐, 새마을 금고, CU 등 다양한 편의시설이 입점해 있다. 사실상 준슬세권이라는 이야기다. 인근에 정부인천지방합동청사, 한국전력공사 제물포지사, 인천광역시 상수도사업본부 등 관공서가 많고 대학교도 많아서 주거 수요가 풍부하다. 다만 돋보이는 생활 편의성에 비해 인근에 학교가 적다는 점은 아쉬운 부분이다.

• 주안역센트레빌★

(단위: 호, %)

단지명	세대수	입주연월	매매 시세	전세 시세	용적률
주안역센트레빌	1,458	2021년 7월	–	–	241

• KB 시세 미등재

주안역센트레빌은 주안역 역세권 신축 단지로, 4·5위인 제물포역·동암역까지 두 정거장 만에 갈 수 있다. 단지 대각선 맞은편에 홈플러스가 있고 주안역 상권을 이용할 수 있어서 생활 편의성도 좋다. 다만 주변에 녹지 환경이 부족하고, 각급 학교가 멀리 있다는 점은 단점으로 꼽힌다.

• 송도글로벌파크베르디움★ • 송도에듀포레푸르지오★
• 송도더샵그린스퀘어★ • 송도베르디움더퍼스트★

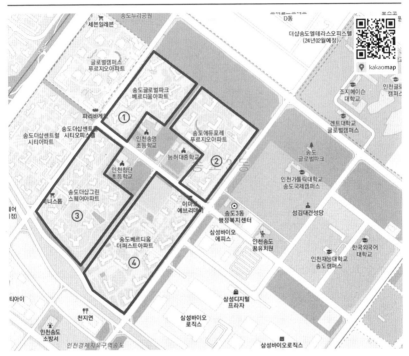

(단위: 호, 만 원, %)

단지명	세대수	입주연월	매매 시세	전세 시세	용적률
① 송도글로벌파크베르디움	1,153	2017년 11월	97,000	51,500	199
② 송도에듀포레푸르지오	1,406	2016년 8월	96,500	51,500	204
③ 송도더샵그린스퀘어	1,516	2014년 3월	75,000	43,000	199
④ 송도베르디움더퍼스트	1,834	2017년 2월	94,000	52,500	199

• 송도글로벌파크베르디움, 116B㎡(전용 84.93㎡) 기준 • 송도에듀포레푸르지오, 115A㎡(전용 84.85㎡) 기준
• 송도더샵그린스퀘어, 112A㎡(전용 84.86㎡) 기준 • 송도베르디움더퍼스트, 114A㎡(전용 84.95㎡) 기준

이 4개는 출근시간대 하차인원 순위가 높은 역 주변 단지는 아니다. 그럼에도 추천 목록에 포함한 것은 앞서 소개한 삼성전자 수원캠퍼스 인근의 영통아이파크캐슬1단지와 힐스테이트영통처럼 이 단지들도 대규모 사업장 인근에 있기 때문이다. 단지 바로 앞에 확장을 거듭하고 있는 삼성바이오로직스가 있고, 2024년에는 SK바이오사이언스도 입주할 예정이다. 즉, 송도가 한국 바이오산업의 메카로 거듭날 예정인데 그 중심에 위 4개 단지가 있는 셈이다.

현재 삼성바이오로직스가 1~3공장을 가동 중이고, 4공장이 2023년에 가동을 시작할 예정이다. 삼성바이오로직스는 인근에 현재 부지보다 더 넓은 부지를 매입했고, 5개 공장을 차례차례 추가 건설하겠다는 청사진도 밝혔다. 이 계획이 현실화되면 근무 인원도 2배 이상 늘어날 것으로 보인다. 그러면 삼성바이오로직스 인근 4개 단지의 직주근접 경쟁력이 비약적으로 향상될 것이며, SK바이오사이언스까지 입주를 시작하면 실수요가 급증할 것이다.

이 4개 단지 안에 있어 학군의 균질성을 높여주는 초등학교(송명초·첨단초)와 중학교(능허대중), 단지 주변을 감싸는 송도누리공원, 송도글로벌파크, 미추홀공원 등 풍부한 녹지 환경도 이 단지들의 가치를 높이는 요소다.

■광주■

• 광주그랜드센트럴★☆ • 금남로중흥S클래스&두산위브더제니스★

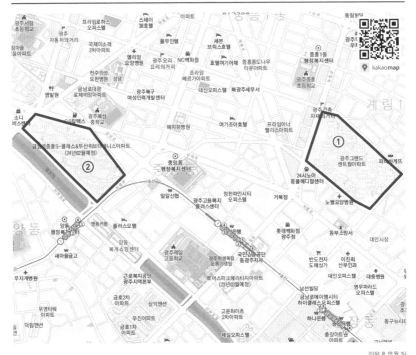

(단위: 호, 만 원, %)

단지명	세대수	입주연월	매매 시세	전세 시세	용적률
① 광주그랜드센트럴	2,336	2020년 9월	54,500	28,000	312
② 금남로중흥S클래스 &두산위브더제니스	2,240	2024년 2월	–	–	372

• 광주그랜드센트럴, 117A㎡(전용 84.96㎡) 기준
• 금남로중흥S클래스&두산위브더제니스, KB 시세 미등재

252

광주에서 출근시간대 하차인원 순위가 높은 역은 금남로4가역, 광주송정역, 남광주역 순이다. 광주그랜드센트럴은 금남로4가역과 한 정거장 떨어져 있는 금남로5가역 역세권 단지이며, 금남로중흥S클래스&두산위브더제니스는 그보다 한 정거장 더 떨어진 양동시장역 역세권 단지다.

광주그랜드센트럴은 출근시간대 하차인원 1위인 금남로4가역과 인접한 데다 롯데백화점 광주점과 가까워 슬세권 단지로 분류할 수 있다. 다만 나의 추천 기준 중 슬세권은 '연 매출 5,000억 원이 넘는 백화점 반경 500m 내에 있는 단지'인데 롯데백화점 광주점의 연 매출이 5,000억 원에는 미치지 못해 (2021년 기준 3,069억 원) 별표는 반 개만 해당하는 '준슬세권 단지'로 표기했다. 어찌 됐든 광주에서 직주근접 경쟁력과 슬세권 단지의 경쟁력을 두루 갖춘 단지라는 점은 분명하다.

금남로중흥S클래스&두산위브더제니스는 광주의 메인 시장 중 하나인 양동시장이 근처에 있어서 생활 편의성이 뛰어나다. 또한 바로 앞에 있는 광주천이 단지 거주민들에게 조망과 쉴 장소를 제공해준다. 인근의 재개발 사업이 활발해 반경 3km 내에 1만 3,000세대 이상의 신축 단지가 공급될 예정인데 이는 금남로중흥S클래스&두산위브더제니스에 추후 물량 부담으로 작용할 것이다. 다만, 완공된 이후에는 주변이 정비돼 지역 이미지가 더욱 개선되는 중장기 효과를 기대할 만하다. 아울러 광주역 복합개발 사업도 금남로중흥S클래스&두산위브더제니스와 광주그랜드센트럴 모두에 중장기 호재가 될 것으로 판단한다.

• 무등산아이파크★★

(단위: 호, 만 원, %)

단지명	세대수	입주연월	매매 시세	전세 시세	용적률
무등산아이파크	1,410	2017년 1월	70,000	40,000	293

• 110C㎡(전용 84.84㎡) 기준

무등산아이파크는 광주에서 유일하게 나의 추천 기준 중 2개를 충족한 단지다. 우선 광주 출근시간대 하차인원 3위인 남광주역 초역세권일 뿐 아니라 1위 금남로4가역까지도 두 정거장 만에 갈 수 있는 곳에 자리한 신축 대단지다. 건설 중인 2호선까지 개통되면 더블 역세권이 된다. 게다가 1,000병상 이상을 보유한 전남대병원과 800병상 이상을 보유한 조선대병원이 가깝다는 장점도 있다.

아파트 면적의 40% 정도를 조경에 할애할 정도로 환경에 신경 쓴 단지이며, 특히 단지 입구부터 펼쳐지는 소나무 군락들로 이뤄진 조경이 인상적이다. 금남로중흥S클래스&두산위브더제니스처럼 단지 바로 옆으로 광주천이 흐르는 환경도 매력적이다.

• 이스트시티1단지★ • 신흥SKVIEW★

(단위: 호, 만 원, %)

단지명	세대수	입주연월	매매 시세	전세 시세	용적률
① 이스트시티1단지	1,345	2018년 11월	63,500	34,000	231
② 신흥SKVIEW	1,588	2022년 4월	–	–	249

• 이스트시티1단지, 113A㎡(전용 84.98㎡) 기준 • 신흥SKVIEW, KB 시세 미등재

대전의 지하철 출근시간대 하차인원 순위가 가장 높은 역은 정부청사역, 시청역, 대전역 순이다. 이스트시티1단지는 대전역 반경 500m에 살짝 못 미치지만 대전역과 한 정거장 떨어진 대동역 역세권 신축 대단지다. 초등학교(신흥초)를 단지 안에 품고 있는 초품아 단지이며, 중학교(충남중)도 대동천을 건너면 바로 갈 수 있다. 2018년에 지어졌음에도 지상에 차량이 일부 다닐 수 있게 설계된 점은 아쉬운 부분이다.

신흥SKVIEW도 대동역 역세권 신축 대단지로, 중학교(충남중)를 품고 있다. 마찬가지로 대동천을 건너면 초등학교(신흥초)까지 빠르게 갈 수 있다.

대전 도시철도 2호선 트램이 대동역을 지날 예정이며, 92만 제곱미터 부지에 주거·상업·업무·문화·컨벤션 시설을 건립하고 도로·공원 등 기반시설을 정비하는 대전 역세권 일원 재정비 촉진 사업도 추진되고 있는데 이는 두 단지의 공통된 중장기 호재다.

• 도안린풀하우스18단지★

(단위: 호, 만 원, %)

단지명	세대수	입주연월	매매 시세	전세 시세	용적률
도안린풀하우스18단지	1,691	2014년 10월	60,500	36,000	193

• 113D㎡(전용 84.97㎡) 기준

도안린풀하우스18단지는 800병상 이상을 보유하고 있는 건양대병원 가까이에 있는 단지다. 병원만 가까운 게 아니라 주변 상권이 발달했고 단지 안에 초등학교(도솔초)가 있다. 용적률이 낮아 단지 중앙에 넓은 잔디광장과 연못이 있으며 단지 동쪽으로는 갑천, 서쪽으로는 도안숲공원이 자리 잡고 있어 쾌적한 환경을 자랑한다. 단지 내에 수영장도 있다. 다만 근처 학원가가 초·중학생 위주로 구성돼 있다는 점과 역세권이 아니라는 점은 아쉽다.

혼돈의 시대 속으로

상승장 때는 상승의 논리가, 하락장 때는 하락의 논리가 시장을 지배한다. 사실 상승장 때는 상승의 근거, 이른바 호재가 매매가에 반영되는 속도가 매우 빠르고 웬만한 악재는 묻히기 십상이다. 반대로 하락장 때는 악재가 빠르게 부각되며 호재는 눈에 잘 들어오지 않는다.

하물며 지금은 수도권 기준으로 2014년부터 시작된 상승장이 장장 8년이라는 기간에 걸쳐 이어지다가 그 수명을 다한 '혼돈의 시대'다. 온갖 주장과 근거들이 분출된다. 혼란스럽다. 무엇이 옳고 무엇이 그른지 판단을 주저하게 된다.

이럴 때일수록 '펀더멘털'에 집중해야 한다. 이 책은 그 펀더멘털이 무엇인지 알아보는 데 집중했고, 이를 바탕으로 시장이 어떤 방향으로 나아갈 것인지 추측해보았다. 앞으로도 네이버 블로그와 카페 등을 통해 펀더멘털을 판단하는 기준인 주택구입부담지수와 전세가율 등 지표 추이를 공유하고자 하니 참고하기를 바란다.

이럴 때일수록 상황을 객관적으로 바라보지 않는 일부 상승론자와 부동산이 끝났음을 소리 높여 외치는 일부 하락론자의 주장에 현혹되지 않았으면 한다. 현재 시장을 혼란스럽게 하는 몇 가지 의견을 제대로 짚어보고자 한다.

먼저 '현재의 거래량이 유의미한 수준이 아니어서 하락장임을 인정할 수 없다'라고 주장하는 사람들이 있다.

집값을 움직이는 건 결국 투자 수요가 아니라 실수요인데, 그 실수요가 구매할 수 없는 수준으로 집값과 금리가 올랐기에 (매수세가 뒷받침하지 못해) 거래량이 없는 것이고 그래서 집값이 하락하는 것이다.

둘째, '금리와 집값은 상관없다'라는 의견이다.

금리는 시장의 수요에 큰 영향을 주는 유동성의 핵심 지표다. 2014년부터 2021년까지 이어진 상승장의 원동력 중 저금리를 빼놓을 수가 없는데, 저금리는 집값과 상관있고 고금리는 집값과 상관없다는 이야기인가?

마지막으로 '부동산은 끝났다'라는 주장이다.

해당 주장의 핵심 근거는 우리나라의 인구 감소가 시작됐다는 점인데 주택의 수요는 '인구'가 아니라 '가구'를 기준으로 발생한다. 특히 아파트의 주요 수요라고 할 수 있는 2인 이상 가구는 2034년까지 증가할 전망이며, 설령 인구 감소 속도가 더욱 급격해져서 2인 이상 가구 수의 정점이 2034년보다 빨리 온다고 하더라도 수도권 및 광역시 등 핵심지의 수요는 당분간 증가할 수밖에 없다.

일본의 예를 보더라도, 인구 감소가 시작되자 도쿄와 나머지 도시들의 집값 격차가 더욱 커졌다. 다만 인구가 감소할수록 비핵심지의 부동산 투자는 신중을 기해야 한다는 점만큼은 분명하다.

앞서 네 권의 책을 내면서 2019년에 찾아올 조정장을 예측해 이를 서울 부동산 매수 기회로 활용할 것을 제안하고(2018년 11월, 《서울 아파트 마지막 기회가 온다》), 2021년 급등을 전망하면서도 2021년 급등은 가구 소득이 수용 가능한 임계치에 빠르게 다가가게 할 것이라고 언급하는 등(2020년 12월, 《앞으로 5년, 집을 사고팔 타이밍은 정해져 있다》) 시장의 방향성에 대체로 부합하는 전망을 이야기했다고 자부한다.

그런데 2023년 전후가 시장의 고점이 될 것이라는 전망은 예상치 못한 전쟁의 여파, 즉 금리 급등 탓에 조금 빗나갔다는 점에 관해 부담감이 내심 컸다. 내가 예상한 고점보다 1년 먼저 변곡점이 찾아온 이유가 바로 '펀더멘털과의 괴리 확대'라는 사실을 절감하고 이를 독자들과 공유하고 싶은 마음도 컸다. 앞으로 더욱 부단히 노력하고 상승과 하락 어느 쪽의 의견에도 치우치지 않고 객관적인 입장을 유지하겠다는 다짐의 말씀을 드리고 싶다.

매년 책을 내다가 다니는 직장의 일이 갈수록 바빠져서 없는 시간 쪼개고 또 쪼개서 2년 만에 낸 책이기에 개인적으로 그 의미가 작지 않다. 그 과정에서 출산한 지 얼마 되지 않은 몸을 이끌고 출간 작업을 도맡아서 진행해준 파트너, 위즈덤하우스의 임경은 편집자님께 깊은 감사의 말씀을 드린다. 내게 부동산 분석의 세계로 발을 들여놓을 기회를 사실상 열어줬다고 해도 과언이 아닌 부동산스터디 카페 대표 붇옹산 님, 많은 격려뿐 아니라 종종 집단지성이란 무엇인가를 보여주면서 내게 인사이트를 주는 블로그 이웃들과 부동산스터디 카페 등 여러 카페 회원들께도 감사 말씀을 드린다. 그리고 회사 일이 끝나고 함께 보내야 할 시간을 줄여가면서 집필 활동에 매진하는데도 따뜻하게 이해해준 아내와 딸, 아들에게도 사랑하고 고맙다는 말을 전하고 싶다.

마지막으로 이 책이 독자들에게 올바른 선택과 좋은 결과를 가져오는 데 자그마한 보탬이 되기를 진심으로 바란다.

지금은 2014년부터 시작된 상승장이
장장 8년이라는 기간에 걸쳐 이어지다가 그 수명을 다한 혼돈의 시대다.
무엇이 옳고 무엇이 그른지 판단을 주저할 수밖에 없다.
이럴 때일수록 '펀더멘털'에 집중해야 한다.

빅데이터로 분석한 최적의 진입 타이밍
부동산 변곡점이 왔다

초판 1쇄 발행 2022년 12월 7일
초판 2쇄 발행 2022년 12월 21일

지은이 삼토시(강승우)
펴낸이 이승현

출판2 본부장 박태근
MD독자 팀장 최연진
편집 임경은
디자인 김태수

펴낸곳 ㈜위즈덤하우스   **출판등록** 2000년 5월 23일 제13-1071호
주소 서울특별시 마포구 양화로 19 합정오피스빌딩 17층
전화 02) 2179-5600   **홈페이지** www.wisdomhouse.co.kr

ⓒ 삼토시, 2022

ISBN 979-11-6812-545-2 03320